U0121831

辉煌与

傅小凡　著

悲情

300年大宋王朝
何以从文治巅峰走向衰亡

ZHEJIANG UNIVERSITY PRESS
浙江大学出版社
·杭州·

图书在版编目（CIP）数据

辉煌与悲情：300年大宋王朝何以从文治巅峰走向衰
亡 / 傅小凡著. -- 杭州：浙江大学出版社，2023.11
ISBN 978-7-308-24360-5

Ⅰ.①辉… Ⅱ.①傅… Ⅲ.①中国历史—宋代—通俗
读物 Ⅳ.①K244.09

中国国家版本馆CIP数据核字（2023）第199948号

辉煌与悲情：300年大宋王朝何以从文治巅峰走向衰亡
傅小凡　著

选题策划	杭州蓝狮子文化创意股份有限公司
责任编辑	张　婷
责任校对	陈　欣
责任印制	范洪法
封面设计	王梦珂
出版发行	浙江大学出版社
	（杭州天目山路148号　邮政编码：310007）
	（网址：http://www.zjupress.com）
排　　版	浙江大千时代文化传媒有限公司
印　　刷	杭州钱江彩色印务有限公司
开　　本	880mm×1230mm　1/32
印　　张	7.625
字　　数	150千
版 印 次	2023年11月第1版　2023年11月第1次印刷
书　　号	ISBN 978-7-308-24360-5
定　　价	59.00元

版权所有　翻印必究　　印装差错　　负责调换
浙江大学出版社市场运营中心联系方式：（0571）88925591；http://zjdxcbs.tmall.com

序言

Preface

　　讲述两宋的历史，为何取名为"辉煌与悲情"，因为这两个词表达了我心中的两宋。我的专业是中国哲学，因此我讲述历史的特点在于将历史陈述和哲学质疑相结合，更加着重于思考和分析，比如为什么在这样的时间和地点，发生这样的事情，从而引发思考，这样也能更深刻地分析并汲取历史教训。

　　可能会有人问：这样讲述历史，能还原历史的客观性吗？其实，历史都是过去的事情，我们只能讲述历史，既然是讲述历史，就不可能完全摆脱讲述者的主观态度。面对复杂、繁多的历史材料，讲述历史的人必须有所选择。比如，宋代历史跨越几百年，任何人都不可能把几百年间发生的事全都讲出来，那么我究竟选择哪些内容讲给读者，就由我的主观性，也就是我讲宋史的目的所决定。

实事求是地说，宋史研究相对于清史、明史而言，比较薄弱，人们对宋史的了解并不充分。很多普通百姓对宋史的认识甚至停留在《水浒传》等古典小说，甚至《说岳全传》《杨家将》《包青天》等艺术演绎的层面。这些作品给人们留下了一个刻板印象——宋代是一个奸臣横行、积贫积弱、割地赔款、丧权辱国的时代。可是，认真研究宋史后，我发现这是一个很大的误解。历朝历代都有奸臣，不仅仅宋代如此；积贫积弱就更不是事实，整个宋代要说弱有可能，要说贫却未必。其实，宋代是经济繁荣、财力强大的王朝，在当时的世界称得上超级大国。无论是北宋还是南宋都如此。而且，宋代的国家机制非常完善，统治者建立了分权和监督机制，政治环境和社会秩序比较稳定，从来没有发生军阀割据的事情，农民起义也比秦、汉、隋、唐，以及后来的元、明、清等王朝规模小，次数少。

宋代是中华民族历史上文化事业发展最繁荣的时代，中国古代的"四大发明"中有三大发明产生于宋代。而且，由于宋朝统治者提出"与士大夫共治天下"的政治主张，重视知识，尊重教育，宋代的知识分子有强烈的责任感和使命感，因此创造了辉煌的文化成果。然而，完善的国家制度产生了作茧自缚的不良后果，发达的文明束缚了自身的战争能力，导致在与相对落后的民族发生冲突时总打败仗。

因此，说起两宋总让人心怀悲情，无论北宋还是南宋，都走向了亡国的结局。北宋有靖康之耻，南宋有厓山之恨。有人说：北宋被金灭亡，南宋被元灭亡，怎么能说不是积贫积弱呢？说这话的人忘了一个事实，蒙古汗国三次西征，灭了几十个国家，二百多个民族，在欧亚大陆上，宋是最后一个灭亡的国家。蒙古汗国 1206 年建立，到南宋 1279 年灭亡，经历了 70 多个年头。按照常理，蒙古汗国崛起，应该最先进攻富庶的江南，可是成吉思汗和他的子孙们却三次西征，攻打一些贫穷、落后，生活在中亚苦寒之地的国家，这是为什么呢？一方面，在中亚一带更能够发挥蒙古骑兵的威力；另一方面，也是更重要的原因，就是南宋军民的奋力抵抗，阻遏了蒙古旋风南下。如果说北宋积贫积弱，最终因此灭亡，似乎还能够成立，可是南宋既不贫，也不是人们想象中的那么不堪一击。所以，两宋都没有逃脱灭亡的下场，是不能简单地用"积贫积弱"来概括的，其中有更为复杂的原因。思考和分析这些原因，讲述两宋历史才更有意义和价值。

目录

Contents

01

黄袍加身是偶发事件还是早有预谋？

唐天佑四年（公元907年），唐朝灭亡，随后在中原陆续出现了后梁、后唐、后晋、后汉和后周等五个朝代，同时各地先后出现了十个地方割据政权，史称"五代十国"时期。后汉广顺元年（公元951年），后汉将军郭威起兵反叛，夺取后汉皇位，建立后周。四年之后，郭威死，其养子柴荣即位。后周显德六年（公元959年）六月三十日，柴荣病逝于东京，终年39岁；其子柴宗训继位，年仅7岁。当时赵匡胤担任殿前都点检（首都卫戍部队最高长官）兼宋州（今河南商丘）归德军节度使，属于拥有兵权的武将。

后周显德七年（公元960年）正月初一，镇州（今河北省正定县）和定州（今河北省定州市）两大军事重镇同时传来消息：辽国联合北汉大举南侵，形势非常危急，请求朝廷火速派兵救援。所谓北汉是"五代十国"时期唯一在北方的地方割据政权，首都设在晋阳（今山西省太原市）。北汉皇帝刘崇接受了辽国的册封，自称"侄皇帝"，因此才会形成辽国与北汉对后周的联合进攻。

接到前线的战报之后，朝廷连夜召开紧急会议研究对策。在副宰相王溥的极力推荐之下，宰相范质决定让赵匡胤带兵迎敌。可是，赵匡胤却百般推脱，说自己手中的兵力不够，不足以抵御辽汉联军。

面对大军压境，宰相范质只好将侍卫司的指挥权也交给赵匡胤，让他统率殿前司和侍卫司这两支部队，北上抗击辽国和北汉联军的进攻。然而，这样做却违背了世宗皇帝柴荣的遗愿。因为，殿前司是首都的卫戍部队，侍卫司是皇帝的警卫部队，这两支部队共同构成皇帝的禁卫军。柴荣病重期间安排后事，就想到自己的儿子柴宗训年仅7岁，不可能控制朝政，于是将一些掌握兵权的将军降了职并调出京城，使得留在城内的禁军将领相互制衡，避免任何一位将领独掌禁军大权，以至于威胁新皇帝的地位。赵匡胤当时任殿前都点检，只是殿前司的最高长官，现在宰相把侍卫司也交给了赵匡胤，赵匡胤就成了禁军的总司令，后周两支最精锐的部队都由他指挥，那么世宗皇帝柴荣设置的禁军内部的制衡机制就完全被打破。

赵匡胤担任禁军总指挥之后，立刻命令殿前副都点检慕容延钊率领先头部队提前一天出发，北上迎敌。关于慕容延钊与赵匡胤的关系，有两种说法：一种是二人的关系很亲密，彼此以兄弟相称，赵匡胤尊称慕容延钊为兄长；另一种是二人的关系比较疏远，虽然慕容延钊在禁军中的地位次于赵匡胤，但是名望与赵匡胤不相上下，足以分庭抗礼。

笔者认为这两种说法并不矛盾。如果二人的关系好，赵匡胤信任慕容延钊的能力，因此派他北上防御辽军；如果二人关系一般，慕容延钊一走，赵匡胤身边没人掣肘，整个禁军就是赵匡胤一个人说了算了。

可是，就在先锋部队出城不久，开封城内就开始到处流传这样的消息："大军出征的那天，都点检要当天子！"城中居民听到这样的消息，都认为又要改朝换代了，于是纷纷准备外逃。五代时期，王朝更迭太频繁，每次变更无不伴随着残酷的战争和血腥的杀戮。因此，京城百姓一听说要换天子，立刻陷入恐慌。

然而，京城百姓的慌张，对赵匡胤没有产生丝毫影响，在慕容延钊率先头部队出发之后的第二天，赵匡胤不慌不忙地率大军出城北上。可是，当大部队刚刚到达距离开封城四十多里的陈桥驿（今河南省封丘县陈桥镇）时，赵匡胤突然下令：大军停止前进，就地宿营。此时，慕容延钊所率的先锋部队已经渡过黄河，继续向北挺进。可是，赵匡胤率领的后续部队却在陈桥驿按兵不动，与先头部队拉开了距离，赵匡胤想干什么？

就在这天的傍晚，天空中出现了日晕现象，史书中描述为"圆虹"。军中有一位名叫苗训的人，自称懂得观天象，指着天上的"圆虹"说："见日下复有一日，黑光相荡。"[1] 然后又对赵匡胤的一位亲信说："此天命也！"其实，这位苗训不是军人而是道士，师从发明《先天图》的道教大师陈抟，善天文占候术，以谋略见长。在后世的小说戏曲中，苗训被描写成赵匡

---

① 陈均：《皇朝编年纲目备要》卷第一，中华书局，2006，第 1 页。

胤的军师，与诸葛亮、徐茂公齐名。

"圆虹"本来是很普通的自然天象，苗训却利用这种天象编造谶纬，在军营中煽动士兵："底下那个大太阳，就要吞掉上面那个小太阳了！"这番话在军营中迅速传播开来，军士们相信这就是上天的旨意，于是，聚在一起谋划：当今皇帝年幼，没有执政能力，肯定就是被吞没的小太阳，根本不值得咱们为他卖命。他们决心拥立赵匡胤为天子，然后再北上抵御辽军入侵。其中为首的就是赵普和赵匡义，这两个人都是赵匡胤的亲信，赵匡义是赵匡胤的亲兄弟，但在赵匡胤登基称帝之后，他为了避讳而改名为赵光义。

商定之后，第二天凌晨，众人一起冲进赵匡胤休息的军帐，不容分说，将一件事先准备好的黄袍披到赵匡胤身上，然后，跪在地上齐声高呼："吾皇万岁，万岁，万万岁！"

赵匡胤似乎刚从酒醉中清醒，说什么也不穿手下披在他身上的黄袍。可是，面对跪成一片的军官们，赵匡胤一时无法拒绝，只好说："必须答应我的条件，否则我绝不当这个皇帝。"众将士们齐声回答："请陛下吩咐。"赵匡胤说："第一，不得凌辱太后、少帝；第二，要尊重所有公卿大臣；第三，不得抢劫市民和仓库。服从命令者有赏，违反命令者族诛！"将士们齐声高呼"诺！"，赵匡胤这才披上黄袍，一声令下，大军返回开封城。

进了开封城，赵匡胤立刻回到殿前司公署，脱下黄袍，命将士们将宰相范质等人带到殿前司公署来。范质面对如狼似虎的士兵，毫无惧色地质问赵匡胤："先帝对待你就像对自己的儿子一样，如今先帝尸骨未寒，你怎么能做出这种事情？"赵匡胤突然放声大哭，一边哭一边说："先帝对我恩重如山啊，可是我被手下的将士们胁迫，我没办法啊！事已至此，我有愧于天地，这可如何是好呢？"

没等赵匡胤的哭声结束，他手下的一名军官拔出佩刀威胁说："我们这些人不能没有主子，今天必须确认天子。"范质见大势已去，只好要求赵匡胤必须举行禅让之礼，此后对待太后像侍奉自己的母亲，对待少主要像对待自己的儿子，如此才不辜负先帝的旧恩。赵匡胤一一答应。

后周显德七年（960年）正月初四，赵匡胤在崇元殿举行禅让仪式，正式登基称帝。第二天，赵匡胤宣布改年号为"建隆"。由于赵匡胤此前担任殿前都点检兼归德军节度使，而归德军的驻地在宋州（今河南省商丘市），因此，新王朝的国号就定为"宋"，继续以开封府为首都，史称"北宋"。

一个新的王朝就这样在一天之内诞生了。

不论是正史还是野史，对陈桥驿兵变的描述大致相同，让人感觉像是在奇异天象刺激下的突发事件。赵匡胤是在部下的逼迫下，不得已当了皇帝。那么，事实果真如此吗？如果这不是偶发事件，而是一场预谋，那背后的主谋又是谁呢？想要解开这个谜团，还得从后周世宗皇帝柴荣的临终托孤说起。

世宗在弥留之际，对身边的托孤大臣范质和赵匡胤说："王著藩邸旧人，我若不讳，当命为相。"①意思是"我去世后，让王著来当宰相"。

王著这个人非常能干，而且很有谋略。世宗一直想让他当宰相，却迟迟下不了决心，就因为担心王著好酒的毛病，怕他酒后误事。可是，到了弥留之际，却交代两位顾命大臣，在他死后让王著当宰相，可见柴荣对王著能力的肯定和信任。

世宗驾崩之后，这两位顾命大臣却没有执行皇帝的遗嘱。这是为什么呢？

从范质的角度出发，当时已经有两个宰相——他和王溥，虽然他是"顾命大臣"，地位不凡，却依然惧怕王著接任宰相后会取代自己的位置。从赵匡胤的角度出发，不执行世宗皇帝的遗嘱有双重意义：第一，排除了自己迈向皇位的障碍；第二，与范质有了共同的秘密，等于将范质拉上了同一条船，在夺权的道路上结成同盟。即使将来范质不愿意合作，也已经骑虎难下了。

既然两位顾命大臣已经结成同盟，赵匡胤为什么在世宗驾崩半年之后才上演"黄袍加身"这场闹剧呢？原因很简单，当时的军权还没有完全抓在自己人手里。如前所述，世宗早就为幼子筹谋一切，绝不让任何一位将领有独揽大权的机会。但是，在世宗去世后的半年里，禁军高级将领的任命、安排情况，发生了对赵匡胤有利的变化。第一，世宗在世时，殿前副都点检

---

① 脱脱等：《宋史》卷二百六十九，中华书局，1985，第 9241 页。

长期空缺，在他去世之后，慕容延钊获得了这个重要职位；第二，禁军中的高级将领如殿前都指挥使石守信、殿前都虞候王审琦，侍卫司都虞候韩令坤、侍卫司马军都指挥使高怀德、侍卫步军都指挥使张令铎，都是赵匡胤的结拜兄弟。总之，后周禁军的主要指挥官，基本换上了赵匡胤的人；抢班夺权的准备工作已经完成，就差侍卫司的最高指挥权没有抓到手了。此时，北方传来辽国大举入侵的消息。趁着抵御辽国入侵的时机，赵匡胤终于将禁军指挥权全部抓在自己手里。当然，这一切如果没有宰相范质的支持，赵匡胤是不可能办到的。

然而，历史上的赵匡胤却声称自己对陈桥驿兵变之事一无所知。但他有一个无法掩饰的破绽——时间。正月初一，北方传来辽国入侵的消息；正月初二，慕容延钊率领的先锋部队出发北上；正月初三，赵匡胤亲率主力出征，作为后援；正月初四，赵匡胤又带着他的人马掉头回了开封城，并且在当天举行禅让仪式。以当时的通信与交通水平，这速度未免太快了吧？显然，辽军根本没有南下入侵，完全是有人故意造谣，就是为了对朝廷施加压力从而掌握兵权，并且将部队带出城，玩这出"黄袍加身"的把戏。

更令人感觉蹊跷的是，按照常理，叛军进攻首都夺取皇位，必然会发生攻城之战，一定会血流成河，生灵涂炭。可是，赵匡胤率领的部队却兵不血刃地进了开封城，这是为什么呢？因为，赵匡胤率领大军离开开封城之前，就安排自己的心腹将领石守信和王审琦，率领殿前司人马把守开封城。当大军在陈桥驿发动兵变时，赵光义连夜派心腹骑快马返回京城，通知石守信、王审琦等人做好接应的准备。石守信和王审琦接到通知之后，立刻下达命令，所有将士不许睡觉，严密控制开封城，并且随时接应兵变部队进城。有这些亲信将领做内应，赵匡胤率领的兵变部队顺利地进入开封城。

证明赵匡胤是"陈桥驿兵变"幕后策划者最有力的证据，是南宋史学家王明清在《挥麈后录》卷五中的一段记载："太祖仕周，受命北伐，以杜太后而下寄于封禅寺。抵陈桥推戴，韩通闻乱，亟走寺中访寻，欲加害焉。主僧守能者，以身蔽之，遂免。"① 意思是，赵匡胤出兵北伐，将母亲杜夫人及其家眷藏在封禅寺。陈桥驿兵变的消息传到开封，韩通听说之后，就来到寺院寻找赵匡胤的家眷，想杀害他们。幸亏寺院一位法号守能的住持用身体挡住，才得以幸免。

韩通当时是侍卫司副指挥使，赵匡胤的死对头，在赵匡胤率兵进入开封城之后被杀。如果赵匡胤真没打算搞政变，为什么预先要把家属藏在寺庙里？有人辩解说，是赵匡胤的母亲恰巧到庙里上香。这话根本站不住脚，有带着全部家属一起到庙里上香的吗？

更令人玩味的是，赵匡胤在宰相范质的要求下，决定行禅让礼，而且赵匡胤急不可待地要举行禅位仪式。可是，当赵匡

---

① 王明清：《挥麈后录》卷五，收入《挥麈录二》，民国二十五年商务印书馆，第 464 页。

胤来崇元殿准备举行禅位大典时，主持典礼的官员发现没有禅让诏书。这个时候，翰林学士陶谷突然从怀里掏出禅让诏书。如果不是事先预谋，陶谷怎么会提前准备禅让诏书呢？总之，禅位登基典礼顺利完成。然后是改元"建隆"，改国号为"宋"。一天之内，建立新王朝的所有事情全部完成，如果不是预谋，这一切又怎么可能实现？

总之，陈桥驿兵变，绝对不是偶发事件，而是一件蓄谋已久的政变。其背后的主谋不是别人，正是赵匡胤自己。

然而，在整个夺权过程中，他都在假装自己是一个不知情者。这让宋朝诞生的过程，充满了偶然、巧合与诡异。即便如此，我们必须承认，赵匡胤取代后周建立宋朝，这个过程谋划得太完美了。由于每一步都做了周密的部署，整个过程没有发生任何战斗，赵匡胤率领大军返回开封时也没有遇到任何抵抗，除了杀死一个韩通之外，几乎没有流血事件。赵匡胤"兵不血刃，市不易肆"，以接受禅让的形式和平夺取政权。这样的改朝换代，在中国古代历史中实属罕见。

随着宋朝的建立，自唐朝"安史之乱"（755年）爆发以来，已经在血腥战乱中挣扎了两百多年的百姓，终于重新看到了太平盛世的曙光，一个文明安定和空前繁荣的时代终于要到来了。

02

杯酒能否释兵权？

北宋建隆二年（961 年）的一天晚上，赵匡胤宴请石守信等几位功臣喝酒，正喝得高兴时，赵匡胤令身边的侍者退下，然后对石守信等将领说："如果不是诸位的鼎力相助，我也没有今天的地位，因此我一直对诸位感激不尽。可是，我每天晚上都睡不安稳啊！"

石守信不解地问："陛下，为什么睡不好觉呢？"

赵匡胤回答："原因很简单，我今天的位子谁都想得到啊！"

石守信等人一听这话立刻跪倒叩头："陛下何出此言，如今天命已定，谁还敢有异心？谁还敢谋取皇位？"

赵匡胤说："诸位将领虽然没有异心，难保你们的部下中有贪图富贵之人，一旦将黄袍披到你们身上，你们即使不愿意，又能怎么样呢？"

众位将领听赵匡胤如此说，一个个顿首哭泣，表白道："我们这些人都很愚蠢，希望陛下可怜我们，给我们指出一条生路吧！"

赵匡胤说："人的一生很短暂，那些贪图富贵的人，无非想多得些钱财，享受生活娱乐，让子孙们不受贫困而已。诸位将领何不交出兵权，多买些田产豪宅留给子孙，多养些歌伎舞伎每天饮酒欢乐，颐养天年，岂不快哉！我与诸位结为亲家，我们君臣之间互不猜疑，相安无事，岂不皆大欢喜？"

众位将领共同拜谢道："陛下如此关心臣等，从此我们就是生死骨肉的关系！"

第二天，各位将领都以生病为由请求解除官职。赵匡胤立刻答应，授予他们闲职，让他们回家休养，并且给予非常丰厚的赏赐，与他们缔结姻亲。这就是所谓"杯酒释兵权"的故事。这个故事流传了一千多年，无论是古人还是今人皆深信不疑。可是，笔者认为这个故事基本上是虚构的。

此故事最早见于《续资治通鉴长编》（以下简称《长编》），作者李焘在记载此事之后，加了一段注释："此事最大，而正史、实录皆略之，甚可惜也，今追书。"①意思是，这件最大的事，《三朝国史》和《太祖实录》中都没记载，实在可惜。于是，李焘将其补到《长编》中。

那么，李焘"追书"的根据是什么呢？主要来自三段史料。

第一，王曾的《王文正公笔录》（以下简称《笔录》）。《笔录》记载，宋朝建立之后，石守信、王审琦等人，依然和以前一样掌握着统领禁军的权力。相国赵普多次进言，提出撤换他们，可是赵匡胤却一直没有采纳。后来，赵普又秘密启奏皇帝，请

---

① 李焘：《续资治通鉴长编》卷二，中华书局，2004，第 50 页。

求授予这几位将军其他官职。无奈之下，赵匡胤只好在宫中设宴，召集石守信等人一起叙旧，相谈甚欢。

赵匡胤对几位将军说："我和众位过去一直平起平坐，情同手足，根本没有别的想法。可是，架不住总有人在我面前说三道四。所以，诸位不如选择一个好地方去保卫边疆，不免除你们的官职，给你们土地，收入足够你们享受生活，安度晚年！我家里还有几位女眷未出嫁，我们可以结成亲家，这样我们之间就没有隔阂了。"

石守信等人顿首感谢。于是，这几位将领都与赵匡胤结成亲家，然后到各地担任节度使，镇守边关。二十多年一直享有荣华富贵，始终没变。李焘认为，王曾的《笔录》比较真实，因此以它为依据，可是文辞的描述却采取了司马光《涑水记闻》（以下简称《记闻》）的记载。

第二，司马光的《记闻》。《记闻》是司马光的语录体笔记，记载了北宋六朝的一些历史事件。《四库全书总目提要》评价道："杂录宋代旧事，起于太祖，迄于神宗，每条皆注其述说之人，故曰'记闻'。"[1] 笔者仔细阅读过《记闻》，记录的都是听说的事，而且并非每条都注明讲述者。因此，李焘又"稍增益以丁谓《谈录》"[2]，来增强可信度。

---

[1] 司马光：《涑水记闻》附录四《四库全书总目提要》，中华书局，1989，第391页。

[2] 李焘：《续资治通鉴长编》卷二，中华书局，2004，第50页。

第三，《谈录》即《丁晋公谈录》，里面有这样的记载：赵普有一天突然给赵匡胤上奏："不能让石守信、王审琦掌握军权。"赵匡胤问："这两人岂敢叛逆？"赵普说："这两个人不敢叛逆，但是他们的能力不够，控制不了属下。我担心其部队中如果有人想造反，二人难以控制局面。"赵匡胤说："此二人受国家如此提拔重用，怎么可能辜负我呢？"赵普回答："只如陛下岂负得世宗？"这话让赵匡胤接受了赵普的建议。

综合来看，以上三段史料其实说法不一，甚至相互矛盾，那么，我们究竟该相信哪一段呢？

我们先从三部史料产生的时间和作者的身份进行分析比较，看哪部史料最有可能接近事实。《谈录》的作者丁谓，生于 966 年，卒于 1037 年，官至参知政事；《笔录》的作者王曾，生于 978 年，卒于 1038 年，官至同平章事；《记闻》的作者司马光，生于 1019 年，卒于 1086 年，官至尚书左仆射。三人都曾经是宰相级官职，身份相当。但是，司马光由于反对王安石变法，曾离开朝廷长达 15 年。在通常情况下，记录史料的古代笔记成书时间距离事件发生的时间越近，越有可能接近事实；作者的官职越高，任职时间越长，越有可能了解朝廷的内幕。

假如"杯酒释兵权"的事真的发生在 961 年，那么，5 年之后丁谓出生，17 年之后王曾出生，58 年之后司马光出生。因此，丁谓《谈录》中记载的赵匡胤与赵普的对话可信度最高，司马光在《记闻》中描述的"杯酒释兵权"故事真实的可信度最低。因为《记闻》成书的时间不会早于 1070 年，距离建隆二年（961

年）已经过去了一个多世纪。因此，笔者得出结论："杯酒释兵权"的故事纯属虚构。

然而，古人为什么要虚构"杯酒释兵权"的故事呢？这还得从节度使这种特殊的制度说起。

所谓"节度使"，原本是唐代开始设立的地方军政长官。最初的节度使是军事统帅，主要负责掌管军事、防御外敌。唐玄宗在开元年间（713—741年），围绕大唐国土的边疆设立了九个节度使，一个经略史，他们所管辖的区域逐渐成为固定的军区，后来称"藩镇"。由于战争的需要，节度使将军事、民事和财政等大权揽于一身，而后又经常出现一个节度使统领二至三个藩镇的现象。这样的节度使在抵御外敌入侵方面的确非常有效，但同时造成了节度使的权力太大，对中央政权构成威胁的局面，也就是常说的"藩镇割据"，终于酿成了天宝年间（742—756年）的"安史之乱"。

安史之乱后，唐朝廷采取了一些相应的措施，试图加强中央政府的控制力。可是，藩镇割据的局面并没有得到有效的改变。因为，唐朝廷没有看懂藩镇割据是制度出了问题，还以为是个人品质问题，只要将割据者消灭就行了。从安史之乱到唐朝灭亡之间的150多年里，唐王朝一直在出兵平藩，可是藩镇却越打越多。原因就在于，朝廷是用藩镇打藩镇，用节度使打节度使。安史之乱前，藩镇只存在于边境，总数只有九个；而在平定安史之乱的过程中，朝廷在内地设立了大量节度使用于作战，结果新节度使更加桀骜不驯，朝廷只好再设立更多的节度使去应对，结果就是藩镇越打越多，到了唐末，藩镇数量达到五十多个。最后，黄巢起义进一步削弱中央政府的力量，朝廷彻底失去对地方节度使的控制，大唐王朝终于走向灭亡，历史进入五代十国时期。

五代十国时期的节度使权势达到了极致，皇帝的拥立与罢黜完全取决于节度使的意志。比如，后梁、后唐、后晋、后汉、后周的五位开国君主，都曾经是节度使。赵匡胤自己也曾经担任过归德军节度使，正因他手中掌握着兵权，才能导演一出"陈桥驿兵变"的闹剧，登上皇帝的宝座。因此，他深知节度使的权力之大对他创立的大宋王朝存在的威胁。

怎样才能从根本上杜绝节度使颠覆朝廷的事情发生，以保障大宋王朝长治久安呢？这是以兵变夺取政权之后的赵匡胤必须解决的问题。思考良久，赵匡胤终于有了办法，但绝对不是"杯酒释兵权"。为什么呢？因为，在宋朝建立之初的大环境下，仅靠一次酒宴怎么可能彻底解决武将对皇帝权力的威胁问题？

其实，早在所谓"杯酒释兵权"的故事发生之前的建隆二年（961年）闰三月，赵匡胤就开始了"释兵权"的行动。

首先，解决皇帝身边的威胁。赵匡胤解除了殿前都点检慕容延钊的兵权，调他到山南西道任节度使；同时免除了禁军最高将领韩令坤的职务，让他担任成德节度使。同年七月以后，石守信、王审琦等人都被免去禁军中的职务，到地方担任节度使。显然，释兵权之事肯定有，却并非以"杯酒释兵权"的形式。再说了，建隆二年六月初二，赵匡胤的母亲杜太后去世，赵匡胤正处在服丧期间，怎么可能在七月份召集手下举行酒会呢？显然，释兵权确有其事，但"杯酒释兵权"纯属虚构。

解除这些将领的禁军管理权力只是第一步。这些人虽然到地方担任节度使，但手中的军权还在，对朝廷的威胁并没有彻底消除。为了避免五代时期的历史重演，赵匡胤在制度建设方面采取了以下措施：第一，严格限制节度使的行政权力，剥夺节度使在地方的治安权和司法权，不许横向干预州县的行政事务；同时，将节度使的权力严格限制在本州境内。第二，收回节度使的财政权。比如，乾德二年（964年），赵匡胤下旨，命令各州每年的财政收入，除了日常花销之外全部上缴中央财政，不得私自留用。第三，削弱节度使的军事实力。具体做法是，从地方部队中挑选精英送到京城补充禁军。地方部队经过挑选之后，剩下的士兵被称为"厢军"，主要用于维护地方治安，这些"挑剩下的人"自然不能与中央禁军相抗衡。从此，节度使变成了礼遇很高的州级行政长官，与刺史、知州在职权上没有本质的区别，不再是独霸一方的藩镇，对皇权的威胁不复存在了。

既然解除兵权不能靠酒宴，那么人们为什么还要虚构这个故事呢？这就要从"杯酒释兵权"故事产生与演化的历史背景说起。宋真宗以前的国史、实录、会要、起居注等官方资料，都没有"杯酒释兵权"的记载。从宋真宗登基开始，"杯酒释兵权"的故事经历了一个从无到有、从简到详的过程。到了南宋时期最终形成有声有色的"杯酒释兵权"故事，并俨然成为"历史事实"。

简单来说，这个故事出现于宋真宗和宋仁宗时代，形成于宋神宗与宋哲宗年间，最后定论于南宋时期。其原因必须从当时特定的历史环境中考察。众所周知，赵匡胤"释兵权"的目的是集中军事权力，防止军人实力派颠覆他的政权。为达到这个目的，赵匡胤调整了军事机构，改组了禁军，实行"强干弱枝"的政策。其结果是，统兵将帅虽有握兵之重却没有征发调遣之权，枢密使虽有发号施令之权却没有统率指挥之职。禁军出外作战，临时指派将帅，彼此相互钳制，这势必严重影响部队的作战能力。在与辽、西夏和金的战争中，宋王朝之所以经常处于被动挨打的地位，与赵匡胤采取"强干弱枝"的政策密切相关。

每当宋军遭受失败，一些有见识的大臣就会对赵匡胤的这项军事制度产生不满。随着宋王朝由盛转衰，由强转弱，由统一的北宋沦为偏安江左的南宋，这样的不满情绪便日益增加，人们也就不断强调"释兵权"这件事，从而导致"杯酒释兵权"故事记载得越来越详细，越来越具体。总之，虚构"杯酒释兵权"的故事就是为了表达人们对赵匡胤"强干弱枝"制度的不满，因为这一制度最终导致宋朝战场屡败，丧权辱国的结局。司马光在《涑水记闻》中对"杯酒释兵权"过程的生动描述，正是"春秋笔法"，他想表达的意思是：太祖赵匡胤用几杯酒解除的不仅仅是几位禁军将领的兵权，还是大宋王朝抵御外敌的军事实力和国防力量。

大宋王朝的军事力量并不弱，是赵匡胤开国之初建立的管

理体制本身存在问题。这种管理体制在限制将军的权力，完善
国家制度的同时，弱化了军队的战斗力。如果在和平的国际环
境中，这就是一种历史进步；可是，从北宋建立到灭亡，北方
的邻居都是以游牧或狩猎为生的野蛮民族，他们建立的国家还
处在奴隶社会早期，这就衬托出大宋王朝更文明的国家制度的
缺陷——明显缺乏战争能力。显然，挨打的未必落后，好比秀
才遇到了兵。

03
疑点重重的"烛影斧声"

北宋僧人文莹的《续湘山野录》（以下简称《野录》）记载：赵匡胤年轻的时候，曾经结识一位道士。这个道士自称"混沌"，又叫"真无"，此人引吭高歌时声音清澈，宛若天籁。有一回他的歌声好像从天上飘来，赵匡胤听懂了其中两句："金猴虎头四，真龙得真位。"等道士酒醒后，赵匡胤问他什么意思。道士回答："酒醉时的梦话，不必当真。"可是，赵匡胤登基称帝那天，正好是庚申年正月初四，那年正月是寅月，果真是"金猴虎头四"。

因此，赵匡胤当皇帝之后，派人到处寻找这个道士，却始终不见他的踪影。直到16年之后的三月初三，赵匡胤到城西的水池边沐浴，突然见到真无道士坐在池塘边的树荫下，仿佛刚刚酒醒，笑着对赵匡胤拱手施礼道："别来喜安？"赵匡胤一见真无道士非常高兴，立刻让随从将道士悄悄带回宫内，他也急忙回宫与道士见面。二人就像当年一样，相互击掌，开怀畅饮。

赵匡胤对道士说："我一直在寻找你，就是为了问你一件重要的事情，我究竟还能活几年呢？"道士回答："今年十月二十日晚上，如果天气晴朗，您就可以再活 12 年；否则，您就得安排后事了。"

到了十月二十日那天晚上，赵匡胤来到太清阁，只见天气晴朗，星光灿烂，心中不由大喜。可是，紧接着天气突然变了，阴云密布，随后大雪夹杂着冰雹一起落下。赵匡胤立刻起身离开太清阁，命令太监打开端门，传赵光义觐见。

不一会，赵光义匆忙赶来，兄弟二人对坐喝酒，并将太监、宫女统统打发退下，这些人只能远远地看着寝宫的窗户上，烛光映照的两个身影。只见赵光义一会儿离开酒桌，一会又回来坐下，显得有些不胜酒力。喝完酒之后，夜已三更，院子里的雪积了几寸厚。赵匡胤用柱斧往雪上戳去，一边戳一边对赵光义说："好做！好做！"意思是，好好干！说完这话之后，赵匡胤便返回寝宫睡觉，不一会儿鼾声如雷。当天晚上赵光义也留在宫中过夜。

五更时分，雷霆般的鼾声突然消失，寝宫内一片寂静，赵匡胤驾崩了。《野录》记载："太宗受遗于枢前即位，逮晓登明堂，宣遗诏罢，声恸。"① 也就是说赵光义是在兄长的灵枢前继承了皇位，早晨才到朝堂上宣读遗诏，声音悲痛不已。当赵光义引领近臣们向先皇遗体告别时，发现其"玉色温莹，如出汤沐"，就好像刚刚沐浴完一样，状态安详。

这就是描写赵匡胤驾崩过程的故事"烛影斧声"。在这个

---

① 文莹：《湘山野录续录玉壶清话》，中华书局，1984，第 74 页。

故事中，存在许多难解之谜。比如，赵匡胤驾崩时享年50岁，此前没有记载他得过什么病，也没有任何征兆。于是有人推断赵匡胤很有可能是被谋杀的，如果真是这样，那么凶手究竟是谁？赵匡胤的弟弟赵光义继承了皇位，他是赵匡胤死后最大的受益者，因此人们将怀疑的目光投向了赵光义。可是，赵光义真的会杀害亲哥哥吗？

有关赵匡胤驾崩前夕的情景，官修的国史及《太祖旧录》中都没有记载，只有《野录》最早记载了"烛影斧声"的故事，许多人对此故事深信不疑。理由是，《野录》的作者文莹虽然出家为僧，却与当时的文化名流交往，经常出入达官贵人之家，很有可能了解一些内幕。而且出家人没有太多政治上的顾忌，他的描述更有可能接近事实。

虽然笔者认为文莹笔下的真无道士被描述得如此神奇和富有预见性，是为了证明赵匡胤当上皇帝乃是天意，同时也证明赵光义的即位原因是赵匡胤明知自己阳寿已尽，所以临终前留下遗诏，将大权交给弟弟。这种魔幻小说式的笔法无非为了神化赵匡胤。可是有人却认为，文莹这是以魔幻小说式的手法暗示了赵匡胤是被赵光义谋杀的，他们推测出赵光义弑兄篡位的两种方法：其一，赵光义用"柱斧"将哥哥劈死；其二，赵光义在酒中下了毒，让赵匡胤在睡梦中被毒死。

在笔者看来，这两种说法根本不成立。首先针对第一种方法，做此猜想的人，以为"柱斧"是挂在宫殿柱子上的斧子。其实"柱斧"指的是皇帝手中的权杖，平常随身携带。比如，赵匡胤见到后蜀主孟昶使用七宝装饰的溺器，便"撞碎之曰：'汝以七宝饰此，当以何器贮食？'"①赵匡胤如何"撞碎"孟昶的溺器的呢？只能是用手中的柱斧。相关记载有：宋仁宗见张贵妃收了大臣送的定州红瓷器非常生气，"因以所持柱斧碎之"②。显然，这种代表权力并且随身携带的"柱斧"，不太可能用来杀人。针对第二种方法，需要引用司马光在《涑水记闻》中记载的一段故事。太祖驾崩当夜四更时分，宋皇后曾派人通知太监王继恩（司马光记成了王继隆），让他召秦王赵德芳进宫（其实此时赵德芳还没有封王，司马光所记有误）。可是王继恩并没去传赵德芳，却到晋王府找赵光义。当王继恩来到晋王府时，看到医官程德玄（司马光记成了贾德玄）正坐在门口，就问他："你在这儿干吗？"程德玄回答："昨天半夜二更时分，我听见有人在门外喊：'晋王召见。'我出门一看，什么人也没有。如此反复了三回。我怕晋王可能有病，所以就到这儿来了。"王继恩感到非常诧异，于是就把皇帝驾崩的消息告诉了程德玄。

二人立刻敲开门，进入晋王府见赵光义，告知皇帝驾崩的消息，同时让赵光义赶紧进宫。赵光义大吃一惊，却犹豫不决，不敢进宫，并且说："我得和家人商量一下。"赵光义进屋和家人商量，好长时间不出来。王继恩忍不住对屋内喊道："事久将为他人有！"

---

① 脱脱等：《宋史》卷三，中华书局，1985 年，第 49-50 页。

② 朱熹:《三朝名臣言行录》卷五，清同治至民国刻西京清麓丛书本，第 164 页。

　　听了这话，赵光义才走出房间，带着王继恩、程德玄步行来到皇宫门前，高喊开门。当宫门打开时，王继恩对赵光义说："您在这等一会儿，我先进去禀告一声。"程德玄说："等什么等，直接进去不就得了。"于是三个人一起进宫，直奔寝殿而来。

　　宋皇后听说王继恩回来了，立刻问道："德芳来了吗？"王继恩回答："是晋王到了。"宋皇后一见来人是赵光义，惊得一时不知如何是好，连忙叫了一声："官家，我们母子的命，就全托付给官家了。"宋代，皇后称皇帝为"官家"。赵光义见皇嫂称自己为"官家"，等于承认自己是皇上了，立刻哭着说："共保富贵，无忧也！"①

　　通过司马光转述的这段故事，可以证明皇帝死时，赵光义不在宫中，那么他就没有作案时间。不过，司马光还透露了另外一个线索：赵匡胤死得突然，没有留下遗诏。因此，宋皇后想将皇位传给赵匡胤的次子赵德芳。可是赵光义突然出现，让宋皇后不知如何是好，急中生智地叫了一声"官家"，只是想求得母子平安。赵光义顺水推舟地接受了这个称呼。

　　让事情发生如此戏剧性变化的关键人物就是太监王继恩，他是揣测先帝的意图行事，还是早有预谋呢？从赵光义听到哥哥驾崩时游移不定的反应看，不像有预谋。可是作为皇帝身边最受信任的太监，王继恩在皇帝驾崩之后，不听皇后的命令去找皇次子，偏偏找的是晋王赵光义，这又说明什么问题呢？司

---

① 司马光：《涑水记闻》卷第一，中华书局，1989，第19页。

马光解释说，是王继恩通过平日的观察，觉得太祖有意将皇位传给晋王，因此自作主张来到晋王府叫赵光义进宫。赵光义的反应是大吃一惊，犹豫不决，说明无论是哥哥的死还是即位当皇帝，他事先都没有思想准备。

司马光想证明赵光义没有弑兄篡位的预谋，同时又暗示了赵匡胤并没有将皇位传给弟弟的意思。因为赵匡胤有两个儿子，他驾崩时长子赵德昭已经 25 岁。有了成年的儿子，再传皇位给弟弟的可能性就不大了。可是赵匡胤为什么不立太子？宋皇后在赵匡胤去世时，为什么让王继恩去传次子赵德芳，而不是长子赵德昭呢？

有学者分析：这可能是赵匡胤的意思。因为之前宋皇后进宫时年仅 17 岁，当时赵匡胤的长子赵德昭已经 18 岁了，而次子赵德芳只有 10 岁。作为继母，宋皇后与比自己小的儿子相处起来会容易些。因此赵匡胤迟迟不立太子，就是想让次子赵德芳继承皇位。

笔者认为还有另外一种可能：赵匡胤并没有属意次子，而是宋皇后既不愿意将皇位传给赵光义，又觉得赵德昭比自己大一岁，难以控制，因此只想让赵德芳即位，所以才会让王继恩传皇次子进宫。但她的这种举动很可能会引发皇位之争，导致宋王朝陷入内部斗争的危局。面对皇后的旨意，王继恩无力反对，只好寄希望于赵光义。因为以赵光义的政治能力和朝中地位，完全可以控制因赵匡胤突然驾崩，同时宋皇后擅自选择继任人选而导致的政治危局。

如果这个推论成立，就可以合理地解释为什么当赵光义与家人久议不决时，王继恩会在门外高喊："事久将为他人有！"这个"他人"显然是指宋皇后。因此推断：王继恩找赵光义是临时起意，他不是赵光义收买的内应。那么二十多年之后，在赵光义弥留之际，王继恩联合朝中重臣谋立赵匡胤的孙子、赵德昭的儿子赵惟吉即位，想把皇位归还太祖一脉的行为，就可以理解了。

当然，持赵光义毒杀论的人还提出，赵光义所下毒药的毒性是慢慢发作的，让他有足够的时间返回晋王府，给人以没有作案时间的假象。持此观点的人认为，赵光义精于此道，理由是：后蜀主孟昶和南唐后主李煜，都是被赵光义用毒酒毒死的。可是此说根本没有证据，说赵光义毒死自己的哥哥更不可能。为什么呢？因为赵匡胤本以为自己还能活 12 年，没想到突然天变下起大雪，他才临时起意传赵光义进宫。二人虽然是亲兄弟，但是晋王与皇帝不可能天天见面，也不可能想见就见。赵光义突然被传进宫，怎么可能知道此次有机会下手？除非他平时把毒药随身携带，时刻准备在哥哥的酒里下毒！尤其令人不解的是，有人根据"烛影斧声"的故事细节来推测赵光义弑兄篡位，却对其中所述的"太宗受遗于枢前即位，逮晓登明堂宣遗诏罢声恸"一句视而不见；对司马光证明赵光义没有作案时间忽略不计，却对没有遗诏一事抓住不放！这种选择性取证的方式，是典型的阴谋论逻辑。因此，关于赵匡胤去世前是否留下遗诏，就成了证明赵光义是否弑兄篡位的关键证据。可是将近一千年过去了，似乎没人找到这份遗诏的相关内容。到了 20 世纪 90 年代，终于有位学者在尘封已久的《宋会要辑稿》中发现了"太祖遗诏"，现摘录如下：

> ……皇弟晋王，天钟睿哲，神授英奇，自列王藩，愈彰厚德，授以神器，时惟长君，可于枢前即皇帝位。①

宋《宋会要辑稿》是清嘉庆年间，由徐松从《永乐大典》中辑出的宋代官修《会要》。显然，《野录》中"太宗受遗诏，于枢前即位"一语，的确不是无中生有。可是有人说，"太祖遗诏"是伪造的，笔者认为这种指控站不住脚。为什么呢？因为截至 20 世纪 90 年代，"太祖遗诏"几乎从未被史家引用过。如果它是赵光义伪造的遗诏，应该大肆宣传以堵众人之口，为何反倒从此湮没不闻呢？原因很简单，"太祖遗诏"被《宋会要》编入了《礼仪门》，因此被人忽略。因为《太祖遗诏》中强调了丧事从简，使之成为后代皇帝葬礼的样板。《宋史》将其编入《礼志》，《文献通考》将其编入《王礼考》，它们都只节录其中有关丧事的内容，删去了传位于太宗的内容。如果遗诏是伪造的，允许如此处理吗？因此我认为，"太祖遗诏"是真实的，赵光义不可能弑兄篡位。至于赵匡胤突然驾崩，有可能

---

① 徐松辑：《宋会要辑稿》礼二十九，民国二十五年国立图书馆影印本，第 4066 页。

是酒后突发心脏病或脑出血而猝死,这里没有血案,更没有谋杀。

　　总之,由于赵匡胤死得太突然而且死因不明,赵光义又是赵匡胤之死的直接受益人,这是近千年来有人一直把怀疑的目光投向赵光义的根本原因,而他也确实无法洗清自己身上的疑点。然而,要指控某人弑君篡位必须有确凿的证据,否则,无论是阴谋论的推理还是魔幻小说家的想象都不能成立。

04

从"兄终弟及"到"父死子继"

宋太祖赵匡胤驾崩之后，弟弟赵光义继位，这是典型的"兄终弟及"。但这种继承模式注定不可复现，因为赵匡胤的三弟赵廷美、长子赵德昭和次子赵德芳相继离世，于是皇位传承方式由"兄终弟及"转换为"父死子继"。宋太宗赵光义，现已改名为赵炅，开始精心选择和培养自己的儿子作为皇位继承人。

　　赵炅是如何将皇位的传承方式由"兄终弟及"转换为"父死子继"的呢？他在这一转换过程中又经历了哪些周折？这得从赵炅的一群皇子说起。

　　赵炅一共有九个儿子，其中明德皇后李氏所生的是第九子赵元亿，早夭且生卒年不详。因此，赵炅准备选择皇储时，候选的皇子都不是皇后所生。既然都是庶子，那就按照年龄顺序，长子赵德崇成为储君的第一人选。

　　赵德崇长得很像赵炅，因此很受父亲喜欢。赵德崇13岁那年，曾跟随父亲在近郊打猎，突然一只野兔出现在马车前方，赵炅便让赵德崇放箭，赵德崇仅射出一箭就将野兔射死。见儿子有如此精准的箭法，赵炅对他越发属意。因此，在赵炅继位之初，便开始培养赵德崇。比如，太平兴国四年（979年），赵炅御驾亲征，讨伐北汉，攻打辽国，都将赵德崇带在身边。三年后，赵炅下诏：封赵德崇为卫王，检校太傅，同平章事。又过了一年，将赵德崇的名字改为赵元佐，由卫王晋封为楚王。显然，这是确立长子赵元佐就是皇位继承人了。

可是赵元佐却卷入了"赵廷美谋反案"。赵廷美是赵匡胤的三弟，如果按照赵炅继位的方式，即"兄终弟及"，那么赵廷美应该成为赵炅的接班人。可是赵炅为了将皇位传给自己的儿子，故意捏造谋反的罪名将赵廷美流放到房州（今湖北省房县）。然而，赵元佐却坚持认为三叔不可能谋反，甚至还设法营救，这让赵炅非常不满。几年之后，从房州传来赵廷美病逝的消息，"元佐遂感心疾，或经时不朝请"①。也就是说，赵元佐的精神受到了刺激，从此性格变得暴戾残忍，身边的人稍有过失便挥刀手刃之；有人经过庭院，他居然用箭射杀。有人认为：赵元佐患上了狂躁型精神障碍症，所以常常做出过激反应，通俗来讲就是疯了。

雍熙二年（985年），赵元佐的病情有所好转，赵炅大喜，于是大赦天下。重阳节设宴，赵炅召集诸皇子在皇家苑囿中饮酒射猎。考虑到赵元佐病情刚刚好转，就没叫他参加。宴会结束后，众位弟弟一起看望哥哥，赵元佐说："若等侍上宴，我独

---

① 李焘：《续资治通鉴长编》卷二十六，中华书局，2004，第597页。

不与，是弃我也。"① 因此情绪非常激动，居然在深更半夜放火
将宫殿点燃，大火第二天清晨才被扑灭。赵炅得知此事之后立
刻下令：将赵元佐"废为庶人，送均州安置"②，不仅取消他的
皇储地位，而且要与他断绝父子关系。在次子赵元佑和宰相、
近臣的哀求之下，赵炅才改变主意，转而将赵元佐软禁在南宫，
派人严加看管，不许与外界往来。

　　废了长子的皇储之位后，赵炅将目光转向次子赵元佑。赵
元佑只比赵元佐小一岁，982 年，赵元佑刚好出阁（指举行了成
人礼），于是和哥哥赵元佐一起受封。一年之后，进封陈王。
赵元佐被废之后，赵炅任命赵元佑为开封府尹兼侍中，进封许
王，改名元僖。这样一来，赵元僖具备了"尹京封王"的条件。
所谓"尹京封王"是在担任开封府尹的同时拥有王的爵位，以
此作为皇位继承人的条件之一是五代和宋初的惯例。

　　可是，赵炅却一直没有立太子的打算。这是为什么呢？赵
炅自己是这样解释的："总有人多次提起立太子的事，我也读过
很多书，了解前代的治乱，此事怎么可能不放在心上？可是，
如今世风浇薄，如果确立太子，他的属下都必须称臣。各级官
员尤其是在任的朝廷宰相，与太子的关系恐怕不好相处啊。"

　　比如，太平兴国八年（983 年），赵元佐和赵元佑兄弟二人
同日受封为王。赵炅下诏，从今以后上朝时，宰相要站在亲王

① 脱脱等：《宋史》卷二百四十五，中华书局，1985，第 8694 页。
② 李焘：《续资治通鉴长编》卷二十六，中华书局，2004，第 598 页。

的前面。宰相宋琪和李昉却请求遵照太祖旧制，上朝时让亲王的站位在宰相之前。可赵炅不允许，因为太祖时期的亲王就是他自己，时年 35 岁，站在宰相前面还说得过去；而元佐兄弟封王时，哥哥 18 岁，弟弟 17 岁，让两个少年站在宰相前面实在不像话。宋琪等人多次恳请，赵炅说："宰相的职责是总理百事，与各部门的规矩本就不同，而藩王的设立只限于上朝请安。元佐兄弟年纪还小，应该让他们知道谦逊的道理，你们就不要再谦让了。"

赵炅的言行表明，要将生活在优裕之中的皇二代培养成国之储君，将来担任国家领导，是一件非常困难的事。不是简单地恢复"父死子继"的传承方式就完事的。从五代到宋初，都会通过"尹京封王"让皇储在实践中锻炼成长，无论是残酷的战争环境，还是复杂的政治斗争，都是培养国家领导人最好的课堂。现在要从养尊处优的少年皇子中确立皇储，要将公子哥一样的皇子培养成合格的国家最高领导，赵炅心中没有把握。因此，他反复强调，诸位皇子还很年轻，不具备成年人的品性，必须选择良善之士担任他们的臣僚，他们手下的侍从更需要严格筛选，防止奸险狡诈之人混在他们身边，要让他们多读书、多学习，等他们成熟之后再做决定。可是一些大臣就是不理解皇帝的苦心，居然联名给皇帝上书建议马上立赵元僖为太子，而且"词意狂率"，赵炅非常生气，将这些联名上书的人统统贬到岭外去了。

大臣们终于不再请求立太子了。可是淳化三年（992 年）

十一月的一天，赵元僖去上早朝，在上朝前的休息处刚刚坐定，突然感觉身体不适，不等上朝便直接返回自己的府邸。赵炅听说消息之后立刻驱车前往探视，可当他赶到时，赵元僖的病情已经非常严重，赵炅呼唤儿子，儿子勉强答应。不一会儿赵元僖就去世了，年仅 27 岁。赵元僖死后，赵炅非常悲痛，整夜哭泣难以入睡，写了一首《思亡子诗》表示怀念。

两个儿子一疯一死，对赵炅的打击之沉重可想而知。可是立太子的事，又在大臣们中间开始酝酿。比如，一位名叫潘阆的隐士对太监王继恩说："当今皇上对您非常恩宠，这是天下人都知道的。可您借着皇上的恩宠，行为不检点。别忘了皇上身边有人吹枕边风，朝中有大臣嫉妒你，皇亲国戚中也有人瞧你不顺眼。一旦皇帝驾崩，您的荣华富贵如何保证呢？"王继恩吃惊地问："我正有这样的担心，希望先生告诉我该怎么办。"潘阆回答："皇帝年事已高，各位皇子都很优秀，何不找机会向皇上建议确立储君？将来储君继位知道是您的功劳，您还用担心荣华富贵吗？"王继恩问："我想建议立赵元侃为太子，怎么样？"潘阆反驳说："赵元侃早就自认应该立他，就算真的登基，怎么会记你的好处？""立其不当者，善也。"[1] 于是，王继恩多次劝皇帝立太子，但皇帝根本不理会。

淳化五年（994 年），赵炅身上的箭伤复发，严重到危及生命，必须考虑后事了。因此，立太子的事再度提上议程。赵炅

---

[1] 江少虞辑：《皇朝事实类苑》卷七十一，日本元和七年活字印本，第 1685 页。

召寇准进宫，询问立储的建议。赵炅问寇准："我的几个儿子，谁可以立为储君？"寇准回答："陛下如果为天下选择未来的君主，有三种人不能问。"赵炅问："哪三种人啊？"寇准回答："第一，后宫的女人；第二，宫中的宦官；第三，身边的近臣。只有陛下自己选择，才能够不负天下人的希望。"赵炅低头思考良久，将身边的人打发退下之后又问："你看元侃怎么样？"寇准回答："这不是为臣能知道的。"

听了寇准这番话之后，赵炅立刻任命赵元侃为开封府尹，改封寿王，改名赵恒，立为太子，并且举行了册封仪式。册立太子之后，开封城里的百姓见到太子，纷纷欢呼雀跃地说："真社稷之主也！"显然，立太子的举措关乎国家稳定，很得民心。赵炅从即位之初到最终确立太子，前后历时二十多年。可是这位太子能否顺利继位，还是一个未知数。

就在赵炅弥留之际，时任宣政使的太监王继恩联合了参知政事李昌龄、知制诰胡旦，开始策划拥立赵元佐继位。

赵元佐已经疯了，这些大臣怎么可能立他为君主呢？

在王明清的《挥麈余话》中有一段与别处不同的记载，说他们谋划拥立的不是赵元佐，而是赵匡胤的孙子赵惟吉。太平兴国二年（977 年），司天监苗昌裔和太监王继恩曾一起去往洛阳以西，为太祖选择墓地。二人登上山巅，眺望周边地形时，苗昌裔对王继恩预言道："太祖之后，当再有天下。"意思是，赵匡胤的后代，会再次当上皇帝。王继恩把这句话牢记在心。到了赵炅弥留之际，王继恩便联合参知政事李昌龄、枢密赵镕、知制诰胡旦和布衣潘阆，"谋立太祖之孙惟吉"[①]。

那么，这些朝中重臣要谋立的究竟是太宗赵炅的长子赵元佐，还是太祖赵匡胤的次孙赵惟吉呢？有人会说，这有什么区别，反正都是谋立新君。从大臣的角度分析，无论立谁都有拥立之功；但是，谋立赵元佐与谋立赵惟吉，动机不完全一样。因为谋立赵惟吉不仅有拥立之功，而且还能将皇位归还给太祖一脉，谋立赵元佐纯粹是为了获得拥立之功。

不过，笔者觉得谋立赵元佐的可能性不大，为什么呢？因为他的所作所为的确很疯狂，几位大臣怎么可能谋立一个疯子当皇帝？除非他们自己也疯了！虽然有人认为赵元佐是装疯，可是，为了装疯就杀人放火，这种人岂能成为一国之君？因此，笔者认为王继恩等人谋立的是赵惟吉。那么，为什么会有这样的混淆呢？估计问题出在"惟吉"这两个字上。因为赵匡胤的次孙名"惟吉"，而赵元佐的字恰巧也是"惟吉"，以至于后代史家记混了。当然，也有可能是王继恩利用了"惟吉"两个字玩了一出偷梁换柱的把戏。

同样在赵炅弥留之际，宰相吕端前来探望，发现皇帝身边只有李皇后和太监王继恩，他立刻警觉起来，意识到问题严重，马上在笏板上写了"大渐"二字，就是病危的意思，让手下可靠的人传话给太子，速到皇帝身边来，自己则回到中书省办公室坐镇以防不测。

---

① 《全宋笔记》第六编一《挥麈录余话》卷之一，大象出版社，2019，第288页。

　　吕端离去不久，皇帝就驾崩了。这个时候，王继恩告诉李皇后要立赵元佐为帝，李皇后同意了。问题来了，李皇后怎么也同意立一个疯子为新君呢？那是因为，对于李皇后而言，反正赵元佐和赵恒都不是她的亲生儿子，管他疯不疯，而且立赵元佐比立赵恒对自己更有利，正所谓"立其不当者，善也"。不过，最后究竟立谁，还是王继恩说了算，就像当年赵匡胤驾崩，宋皇后让他传次子赵德芳，他却传来了晋王赵光义，因此备受皇帝恩宠，这次他很有可能故伎重施。可是，李皇后没有让他去传召继承人，而是派王继恩去召吕端进宫商议另立之事，王继恩只好从命。吕端见到王继恩突然出现，就知道皇帝驾崩了，并且预感到他有阴谋，于是对王继恩说："我手头有太宗皇帝所赐墨诏。"王继恩一听有遗诏，怕对自己不利，于是冲进门来，吕端突然将房门反锁，并且令人看管好，自己立刻奔皇宫而来。

　　李皇后一见吕端就问："皇帝驾崩了，立长子为嗣才顺，如今怎么办？"吕端回答："先帝立太子就是为了今天，怎么可能轻易改变？"皇后无话可说。当太子在皇帝枢前继位时，吕端拒绝跪拜，要求将太子前面的帘幕打开，他要亲自查看。当他走到跟前揭开帘子，看清楚里面的人就是赵恒后，才回身走到殿下率群臣拜呼万岁。就这样，吕端巧妙地避免了一次宫廷政变。至此，皇位传承的方式，终于从"兄终弟及"转变为"父死子继"。这一过程从 960 年到 997 年，整整用了 37 年。再往远说，自唐代天祐元年（904 年）以来，由于社会动乱，中国的皇储制度荒废了将近一百年。由此可见，一种制度被颠覆就是一夜间的事，但要恢复和重建却相当地艰难和漫长。

　　总之，在中国古代宗法制的背景下，"兄终弟及"往往是战争环境和动荡时期的产物，是政治和军事实力的博弈；而"父死子继"则是和平时期社会秩序井然的表现，因为如果不受限于法律和秩序，年幼的皇帝很难应对来自成年皇叔们的挑战。有实力的文武大臣尊重的不是年幼的皇帝而是森严的制度，这是天下太平的根基。从这个角度看，"父死子继"比"兄终弟及"更具有历史进步性。

05

澶渊之盟是否丧权辱国？

宋景德元年（1004 年）闰九月，契丹圣宗和萧太后亲率大军南下进攻宋朝。十月中旬，契丹军猛攻瀛州（今河北省河间市），圣宗与萧太后亲自擂鼓督战，瀛州守城军民奋勇抗击。经过十多天的攻城战，契丹军伤亡惨重，只好放弃攻城，绕过瀛州城南下，前锋直达天雄军（领魏、博、德、沧、瀛五州，治所在魏州，今河北省大名县）一带。当契丹军包围澶州（今河南濮阳西）北城时，先锋官萧挞凛被宋军的强弩击中前额，当晚伤重而亡。几天之后，契丹使臣来到宋营，请求议和。御驾亲征的宋真宗马上表示同意，并派使臣前往契丹大营谈判。经过一番讨价还价，双方签订和约，宋朝每年交付契丹国二十万匹绢、十万两银，以换取和平。这份和约的签约地澶州郡名为"澶渊"，因此，史称"澶渊之盟"。

许多人都有这样的疑惑：宋军此仗并未打败，为何签此城下之盟呢？那么，宋朝人眼中的澶渊之盟是丧权辱国吗？想要解开这些谜团，还得从战争爆发前，宋真宗与辅臣之间的一场争论说起。

景德元年八月，宋朝廷获悉契丹国准备发动进攻，真宗召集辅臣商量对策。参知政事王钦若建议皇帝迁都到金陵（今江苏省南京市）避敌，金枢密院事陈尧叟则请陛下避难成都。真宗拿不定主意，向新任宰相寇准征求意见。寇准见王钦若、陈尧叟在场，就明白了他们建议迁都的用意。因为王钦若是江南人，所以让皇帝避难金陵；陈尧叟是阆中（今四川省阆中市）人，所以请皇帝避难成都，都是为了自己的私利。寇准故意当着二人的面说："谁为陛下出这种主意，其罪当斩！如今天子神武，将帅和谐，如果陛下能够御驾亲征，敌军自然会遁逃。如若不然，也该出奇计以阻挠敌之谋略，守城池以疲劳敌之进攻。以逸待劳，此仗必胜。怎能抛下宗庙社稷，逃到遥远的楚蜀之地呢？"这二人从此对寇准恨之入骨。

宰相毕士安和枢密使王继英也赞同真宗御驾亲征，但是不能越过澶州。可寇准认为，既然御驾亲征，就必须到达澶州，否则就没有意义。真宗接受了寇准的建议，并任命寇准全权负责。出征前要派朝廷大臣镇守大名（今河北省大名县），寇准怕王钦若会影响皇帝亲征的决心，就推荐他去，借此将他调离皇帝身边。王钦若见皇帝已经决定御驾亲征，只好表示愿意。于是，真宗任命王钦若为天雄军府兼都部署、提举河北转运司，也就是副宰相兼天雄战区司令兼河北省省长，要天雄军与当地官员共同规划如何防御契丹入侵。

就在这个时候，契丹国有人给真宗送上了一道密奏。皇帝感到奇怪：契丹并非宋朝属国，怎么会有人给我上密奏呢？当真宗打开密奏时，不禁大吃一惊，因为上密奏的人叫王继忠，是真宗还在做襄王时的府中旧臣，真宗对他非常信任器重。可是一年前，王继忠担任云州观察使时，在河北望都县（今河北省保定市望都县）被契丹军包围，以致全军覆没。真宗以为他战死了，非常难过，追封大同军节度使，给予优厚的抚恤，并且给他的四个儿子都授予了官职。可是，王继忠并没有战死，而是被俘，萧太后不但没有杀他，反而对他礼遇非常，因此王继忠投降了。

王继忠虽在契丹，心却向着宋朝。有一天，王继忠对萧太后说：据我这些日子的观察，契丹和南朝为敌，每年需要投入大量的资源用于战争，使得国内骚动不安，根本没有任何好处。不如派一位使臣与宋朝商谈恢复盟约，建立友好关系，从此停止战争，裁减军队，这会让两国的百姓都受益。此时萧太后年事已高，辽圣宗也厌倦了长年战争，他们都表示同意。

于是景德元年的闰九月，契丹大军南下进攻宋朝的同时，萧太后母子二人又派李兴等人带着王继忠的信来到莫州（今河北省任丘市），见到了军事长官石普，并且要求石普将王继忠的密奏速交真宗皇帝。石普也是真宗任襄王时的府中旧臣，和王继忠一样是皇帝的亲信。靠着这层关系，石普立刻将密奏转给宰相毕士安，毕士安又将之呈给皇帝。

真宗打开王继忠的密奏，才知道他还活着并且投降了契丹，为此感到十分吃惊。王继忠在信中详述了他兵败被俘的原因和过程，并且对皇上解释道："因为我早年在宫里做过事，还有承担边防事务的经验，所以北朝对我特别恩宠，让我与各位契丹大臣并列。但我回忆起当年辞别陛下时，您曾嘱咐我要以让百姓休养生息、停止战争、追求和平为己任。如今契丹人听闻您的圣德之言，希望能够修复两国关系，恢复以前的和平。为臣也希望睿智慈爱的皇上，能够屈尊听从我愚昧盲目的建议。"

真宗读完密奏，对辅臣说："回想当年强盛的时候，也认为与契丹和好最有利。在我刚即位时，吕端等人曾提议，借由太宗去世的时机，派出使者去契丹报表；何承矩也说，可以通过各个交战的时间点，把和好的意思传递给对方。可是我认为，两国彼此之间没有往来，恐怕很难实现和平。况且没有足够的恩德感化，如果不用强大的武力威慑，粗野强悍的契丹人怎么可能柔顺服从呢？这份奏折虽然表达了和平的愿望，但是令人难以相信。"

宰相毕士安说："据近几年来归顺的契丹人讲，契丹人大多畏惧陛下的神武，我们国家富足，契丹人常常担心我们会突然发兵收复幽州（今北京市西南），所以才会南下侵袭。可他们的军队多次受挫，直接退兵又感到耻辱，这才通过王继忠来求和，估计不会有假。"

真宗说："你只知其一，不知其二。他们没有战胜才请求议和，这本就应该。一旦他们所求的东西得到满足，必定会有进一步的要求。如果只是出于让老百姓安定的初衷，我可以派遣使者送给他们一些财物。可我还担心他们要求割让关南领土，因为那里曾经属于他们。若是他们真以此为议和条件，那必须严厉拒绝，我会立刻整顿军队，亲自讨伐他们！"

随后，真宗在写给王继忠的手诏中表示："自我继承帝位抚育天下百姓以来，常想停止战争，让百姓获得安宁，能够停止战争符合我一向的心愿。看了你的奏折，我非常赞赏你的诚恳，请你接到诏书之后，向契丹君主秘密转达我的意思，共同商议此事。一旦情况确实，可将回信交给边疆大臣上奏于我。"真宗虽然同意议和的要求，却不愿先派使者去契丹和谈，同时准备御驾亲征，迎战契丹国的进攻。显然双方都想以战促和，却都不想先派使臣，唯恐在和谈时处于被动。

王继忠收到真宗的手诏后，再次通过石普上奏真宗："契丹大军已经在围攻瀛州，关南是契丹旧有国土，恐怕宋很难固守，请求朝廷尽快派使者来北朝议和，并希望宋能够放弃关南。"

所谓"关南"是指周世宗从契丹手中收复的瀛州和莫州（今河北省任丘市），即燕云十六州中的两个州，由于在瓦桥（今河北省雄安新区）、益津（今河北省霸州市）、淤口（今河北省霸州市车信安镇）三关以南，因此称"关南"。真宗看过王继忠的奏疏后，对众位大臣说："瀛州已做好了充分准备，不必担忧，我方先派使臣也没有什么损害。"于是答应了王继忠派使者赴契丹的请求，并且派人将手诏送到契丹大营转给王继忠，同时命令枢密院选择赴契丹的使臣。枢密使王继英推荐了曹利用，曹利用也愿意前往。

真宗说："契丹先表露出诚意，要求和好，战时又要求派使者，说明没有别的图谋，既然爱卿请求出使契丹，应该嘉奖。"

于是，授予曹利用阁门祗候假崇仪副使一职，大致相当于外交部的武官，让他作为宋朝大使，前往契丹营中谈判。真宗给曹利用交代任务如下："契丹人南下，不是索要土地就是索取财物，关南归属宋境已经很久了，绝不能同意他们索要关南的要求。"曹利用情绪激动地说："彼若妄有所求，臣不敢生还。"① 意思是，死也不会答应契丹人的领土要求。

可是，当曹利用到达天雄军时，当地知府孙全照却怀疑起了契丹议和的诚意，劝说王钦若将曹利用扣留。此时王继忠已经接到真宗答应派遣使者的诏书，却迟迟不见曹利用的人影，只好再次向真宗上疏，并通过石普转交。石普的信使张皓去见真宗，却在半路被契丹军抓获，萧太后母子对张皓礼遇有加，随即释放，让他去天雄军催促曹利用赶快出发。可是王钦若就是不放曹利用离开天雄，张皓只好一个人返回，回复萧太后。萧太后只好让王继忠继续写奏疏，由张皓转达真宗，请求从澶州另派使臣来契丹，尽快谈判和平事宜。显然，此时萧太后对议和的心态比真宗要急切得多。

这时候的真宗正率大军到达韦城（今河南省滑县），宋军统帅王超因畏敌怯战，缩在澶州城按兵不动，甚至不敢南下迎接皇帝。因为契丹大军绕开了宋军重点防守的城镇，一路南下逼近澶州，且下一步的进攻目标并不明确，既有可能围攻澶州，也有可能渡过黄河直接进攻开封，更有可能来一个"斩首行动"，

---

① 脱脱等：《宋史》卷二百九十，中华书局，1985，第 9705 页。

直接进攻御驾亲征的皇帝所在地。因此，皇帝的随行人员立刻陷入慌乱之中，那些听说契丹大军南下曾经建议迁都的人，再次建议直接南逃金陵。这真是个馊到家的主意。从韦城到澶州只有 100 多里 ① 的距离，可是从韦城到金陵那可是 1500 里啊！

就在真宗准备采纳这个建议的时候，寇准出面阻拦："虽然大军没有南下接应，我们目前的处境十分危险，可我们一旦南逃，契丹大军必定追击。到那个时候，我们不仅到不了金陵，而且有被俘的危险，我们只有继续北上，与大军会师才会安全。"真宗这才决定继续北上。

契丹军围攻瀛州时，由于久攻不下，死伤惨重，只好放弃攻城，绕过瀛州城南下，前锋直达天雄军一带。此举给宋军形成巨大的心理压力，士气受到极大的影响。这个时候，真宗收到张皓转来的王继忠密奏，得知了王钦若扣押曹利用一事。真宗立刻给王钦若下诏放人，让张皓带着诏书赶赴天雄军，督促曹利用一同北上，并且带去给王继忠的诏书。

十一月二十四日，契丹军抵达澶州。澶州跨河分为南、北二城，契丹军对澶州北城形成三面围攻之势，先锋官萧挞凛带领几名骑兵视察地形，不料被宋军的强弩射中头部，当晚伤重而亡。先锋官一死，契丹军士气大挫。萧太后只好下令后退，解除了对澶州的包围。

二十六日，真宗率军到达澶州南城。此时萧挞凛阵亡、契

---

①　古代长度单位，宋代一里约等于 560 米。

丹军后撤的消息还没传来。宋朝群臣围绕真宗是否过河的问题发生争执。许多人认为，契丹军气势正盛，真宗不能在这时过河。而寇准等人则坚持要求真宗必须过河，以安定人心，鼓舞前线将士的士气。在寇准等人的坚持下，真宗通过浮桥来到北城，守城将士一见皇帝亲临督战，顿时士气高涨，欢声雷动。不少人喜极而泣，纷纷决心死守澶州城。另一边，士气低落的契丹兵听说宋真宗亲临前线的消息，军心更加动摇。此时萧太后明白，要想在澶州城下打败宋军是不可能的，而且契丹军此次南下，属于孤军深入，随时有被切断后路的危险。因此萧太后与宋朝议和的心情更加急切。

就在真宗到达澶州城的第三天，曹利用终于见到了萧太后。萧太后内心虽然急切，却依然提出让宋朝归还关南领土的要求，曹利用当然不会答应。谈判没有结果，萧太后派使臣韩杞与曹利用一起返回澶州。

十二月一日，契丹使臣韩杞见到真宗皇帝，表达了契丹太后的问候，同时再次要求归还关南。寇准针锋相对地提出："契丹主应该对宋朝皇帝称臣，并且献出幽州之地。"双方显然都在漫天要价，提出对方不可能接受的条件，要想和议成功，就看谁先让步了。

从谈判的角度讲，谁最渴望和平，谁就会先让步；谁最惧怕战争，谁就会先妥协。果然，宋真宗先让步了。他说："傥岁以金帛，济其不足，朝廷之体，固亦无伤。"①意思是，如果能用金钱和绢帛救济你们的不足，这对我朝没什么损害。于是，曹利用带着真宗的答书，和韩杞一道去见萧太后。每年给契丹赠送岁币的事，是真宗和大臣们商议后的决定。至于具体数额，真宗的意思是，在万不得已的情况下，可以答应给一百万。看到皇帝决心已定，寇准也无可奈何，只好悄悄地对曹利用说："如果超过三十万，你提头来见！"

曹利用到契丹大营与萧太后进行最后谈判。萧太后说："当初晋人对我友善，使关南归属契丹，后来被周人夺走了，如今也该归还于我。"曹利用回答："晋人将土地送给契丹，周人夺走，这与我朝无关。我们可以每年用金帛资助军费，不知您是否同意？至于割地的要求，曹利用不敢答应。"契丹的一位大臣怒斥道："我大军南下，就是要收复故地。如果只得一些金帛回去，愧对国人！"曹利用说："先生应该为契丹人着想，如果按照先生的话去做，恐怕战争不断，这样对契丹有利吗？"

契丹人见曹利用不屈服，只好让步，放弃了领土要求，接着围绕岁币多少的问题展开谈判。曹利用按照寇准许诺的底线，答应每年给予绢二十万匹、白银十万两，契丹方面接受了这个数目，和约终于达成。

宋景德元年十二月（1005 年 1 月），曹利用和契丹使臣带着契丹国书一起来到澶州，双方签署和约，这就是著名的"澶

---

① 李焘：《续资治通鉴长编》卷五十八，中华书局，2004，第 1288 页。

渊之盟"。内容为五项：第一，宋与契丹为兄弟之国，契丹皇帝年轻，称宋朝皇帝为兄；第二，两国以白沟河为界，凡有越界盗贼逃犯，彼此不得隐匿；第三，两朝沿边城池，一切如常，不得增修城防；第四，宋朝每年向契丹国提供"助军旅之费"，银十万两，绢二十万匹；第五，双方于边境设置榷场，开展互市贸易。

总之，契丹从来没有想要灭亡宋朝，宋朝也不太可能收回燕云地区。因此，"澶渊之盟"的签署，是双方都不希望发生战争，面对现实争取和平的结果。表面上看，宋朝付给契丹的岁币令人觉得"屈辱"，可这是契丹方面放弃领土要求换来的。正如真宗的宰相王旦所云："国家纳契丹和好已来，河朔生灵方获安堵；虽每岁赠遗，较于用兵之费，不及百分之一。"①因此"澶渊之盟"不是丧权辱国，而是造福两国百姓的举措。此约签订之后，宋辽两国结束了长达 25 年的战争，建立了持续 100 多年的和平友好关系，为两国的经济与文化的发展和繁荣提供了必要条件。

---

① 李焘：《续资治通鉴长编》卷七十。

06

寇准究竟因何而死？

北宋天圣元年（1023 年）闰九月七日，寇准在雷州（今广东省雷州市）的寓所里，命身边的人把床铺铺好，自己"就榻而卒"①，就是躺到床上随即去世了，仿佛提前知道自己大限已至。然而这怎么可能呢？令人不能不怀疑寇准的死因。

寇准是怎么死的，病死的，还是遭人暗害？他曾写过一首《病中诗》，吟诵道："多病将经岁，逢迎故不能。书惟看药录，客只待医僧。"此诗表明，寇准更有可能是病死的。不过，寇准历经太宗、真宗二朝，曾两度拜相，深受皇帝信任，如此高官为什么被贬雷州，最后凄凉离世呢？要想了解前因后果，还得从寇准第一次拜相说起。

景德元年（1004 年），宋朝边境再度告急，契丹军又要大举侵宋。消息传来，朝内君臣一时不知如何是好。此时宰相李沆刚刚过世，朝政缺少主心骨。其实宋真宗心里早有宰相人选，就是寇准，可是又怕驾驭不了他，因此迟迟不敢任命。也许有

---

① 脱脱等：《宋史》卷二百八十一，中华书局，1985，第 9533 页。

人要问：寇准是何等人物，怎么连皇帝都怵他？

时间回到端拱二年（989 年）的一天，宋太宗召集群臣上朝奏事，寇准进谏，意见尖锐，太宗听后大发雷霆，起身离开龙座就要退朝。寇准却上前拉住太宗的衣角，说："陛下留步，等我把话说完。"太宗只好重新落座，听寇准把话讲完。事后太宗称赞道："朕得寇准，犹文皇之得魏徵也。"①再比如，淳化二年（991 年）春天，大旱。大臣们都说，"这是天数，人力难以抗衡。"可是寇准却说："这是天对人的警示，天气大旱，表明刑罚不公！"太宗听后非常生气，起身回宫了。可是没过一会儿又召见寇准，问他："刑罚怎么不公啊？"寇准回答："把二府的官员都召来，我就说。""二府"指的就是中书省和枢密院。太宗立刻下令，召二府的官员来见。当着二府官员的面，寇准说："不久前，祖吉和王淮都因受贿触犯了法律，可是祖吉受贿较少，却被判砍头；王淮受贿多，超过千万，居然只受杖刑，最近又官复原职，这是为什么？就因为他是参知政事王沔的弟弟，这难道公平吗？"太宗立刻质问王沔："有这等事吗？"王沔不敢否认，叩头谢罪。太宗严厉地训斥了王沔，并当即任命寇准为左谏议大夫、枢密副使，不久又改任同知院事，开始参与军国大事。

然而，寇准上任不久，就与知枢密院事张逊出现意见分歧，争得不可开交，太宗出面都调解不了，二人从此结下仇怨。有

---

① 脱脱等：《宋史》卷二百八十一，中华书局，1985，第 9527 页。

一天，寇准与温仲舒一起外出，在路上碰到一个疯子，迎着寇准的马高喊"万岁"，恰巧被判左金吾（即京城的巡逻官）王宾撞见。王宾和张逊曾经是晋王府的同事，张逊又提拔过王宾，二人关系非常好。于是张逊就唆使王宾给皇帝上奏。面对举报，寇准辩解说："当时与温仲舒同行，一定是张逊指使王宾上奏，打压为臣。"就因为张逊让王宾只举报寇准，有蓄意陷害和拉拢党羽的嫌疑；而寇准反驳，相互揭短，都令太宗感到极为厌恶，于是下诏将张逊贬谪，同时也将寇准贬为青州（今山东省青州市）知府。

寇准被贬，离开了京师，太宗的情绪却好不起来。有一天，他问身边的人："寇准在青州过得快乐吗？"身边的人回答："青州是个好地方，寇准应该不会受苦。"几天之后，太宗又问："寇准在青州过得快乐吗？"近臣们知道太宗想召寇准回京，便回答道："陛下对寇准念念不忘，听说寇准每天纵酒，不知道是否想念陛下？"太宗沉默不语。第二年，太宗将寇准召回京师，官拜参知政事，也就是副宰相。

寇准一到开封，立刻晋见皇上。君臣二人见面，寒暄几句之后，太宗解开衣服让寇准看他腿上的伤。然后说："卿为何来得这么慢？"寇准回答说："没有圣旨，臣不能回京。"太宗问："朕的几个儿子，谁可以立为太子？"寇准回答："陛下为天下选择君主，不能问妇人、中官和近臣。唯有陛下自己选择不负众望者。"太宗低头思考良久，将身边的人打发退下，然后又问："襄王可以吗？"寇准回答："知子莫若父，圣上既然认可，那就应该立刻做出决定。"于是太宗任命襄王赵元侃为开封府尹，封号改为寿王，立为皇太子，他就是后来的宋真宗。显然，寇准对真宗有拥立之功。

可是，寇准的刚强直接，有时连太宗也会难以容忍。比如有一年，在官员的任命和提拔问题上，寇准固执己见，与掌管天下山林川泽的尚书虞部员外郎冯拯发生争执。宰相吕端对太宗说："寇准为人性刚自任，臣等不愿与他争论，恐伤国体。"太宗立刻召寇准问话，寇准据理力争，不依不饶，惹得太宗大怒，说："鼠雀尚知人意，况人乎？"① 随即将寇准贬为邓州（今河南省邓州市）知州。

真宗即位之后，又将寇准召回京师，升为尚书工部侍郎。咸平三年（1000 年）权开封府，就是代理开封知府；咸平六年（1003 年），升任三司使，就是最高财政长官。当同平章事（即宰相）李沆去世后，真宗有意擢升寇准，又一时拿不定主意。于是先提拔毕士安为参知政事，也就是副宰相，然后试探性地问："朕准备拜卿为宰相，卿觉得谁可以共同拜相呢？"毕士安回答："寇准天资忠义能断大事，臣所不如。"此话正中真宗下怀，可是真宗又问："寇准这个人刚毅任性，如何是好？"毕士安回答："寇准忘身殉国，秉道嫉邪，因此不受流俗喜爱。如今契丹大军准备南下进攻，朝廷更需要重用寇准这样的人。"听了毕士安这番话，真宗放心了。几天之后，真宗同时拜毕士安和寇

---

① 王称：《东都事略》卷四十一，清嘉庆三年席氏扫叶山房刻本，第 587 页。

准为相，显然寇准此前并无准备，是临危受命。

几个月后，导致"澶渊之盟"的战争打响。契丹圣宗与其母萧太后率20万大军从幽州出发，浩浩荡荡向南推进。由于宋军坚守各城池，契丹军久攻不下，只好绕城南下，迅速向黄河北岸逼近，京师开封告急。参知政事王钦若主张迁都金陵，枢密副使陈尧叟提议避难成都。寇准与毕士安坚决主张抵抗，并且要求真宗御驾亲征，真宗拗不过寇准，只好允准，并且委托寇准全权指挥。大战爆发之际，寇准从前刚愎自用，固执己见的毛病，此刻却成就了他临危不惧的坚定意志。

十月，契丹军攻下了祁州（今河北省安国市），但面对瀛州却久攻不下，损失惨重，只好绕过瀛州向东南方向推进。契丹军虽然孤军深入，但气势可怖，对宋军形成强大的震慑。在这种危局面前，寇准督促真宗御驾亲征，当车驾行至韦城时，契丹军经深州（今河北省深州市）、冀州（今河北省衡水市冀州区）和天雄军，日益迫近澶州。守澶州的宋军不敢南下接应真宗，皇帝身边的人顿时慌成一团。有人劝真宗到金陵躲避，真宗开始动摇准备南逃。在寇准的坚持和劝说之下，真宗无奈只好继续北上，终于到达澶州的南城。当时的黄河河道穿城而过，将澶州城分为南北二城。契丹军已经抵近北城，真宗不敢过河，众位大臣也请求陛下驻跸南城。可是寇准却说："陛下不过河，则人心更加不稳，敌人气焰嚣张，根本不可能取胜。况且王超率劲旅屯中山，扼敌咽喉，李继隆、石保吉展开队伍牵制敌军侧翼，四方各镇的援军很快就会赶到，有什么可怕的？"

可是众位大臣仍然感到恐惧，寇准见说服不了真宗，一气之下走出行在（皇帝出行的临时驻地），正好遇见高琼，寇准对高琼说："太尉受国恩，今日如何报答？"高琼回答："我是个武将，愿意效死！"寇准立刻拉着高琼回到行在对真宗说："陛下可以不把臣的话当回事，那就问问高琼吧。"高琼对皇上说："寇准说得很对！"寇准说："还不立刻护送圣驾过河？"高琼命令卫士保护真宗跨过浮桥进入北城。当真宗在澶州北城的城楼上出现时，城下的兵民欢声雷动，士气大振，"万岁"声传出数十里。契丹军听见宋军的欢呼声，士气沮丧。

由于契丹军的先锋官萧挞凛被宋军强弩射杀，极大地动摇了契丹的军心。因此契丹国的萧太后决定与宋朝议和。寇准主张契丹必须称臣，并且献出幽燕之地，对方则要求宋方归还关南地区，谈判陷入僵局。由于真宗畏惧战争，倾心议和，愿意支付岁币以结束战争，对方接受。当寇准固执己见时，有人对真宗打小报告，说："寇准这是想拥兵自重！"寇准只好放弃主张。于是宋朝与契丹签订了"澶渊之盟"。无论是积极抗敌，还是签订盟约，寇准都是有功之臣，寇准得到了真宗的敬重，但遭到朝中同僚嫉恨。

其中的代表人物就是参知政事王钦若。有一天退朝时，真宗目送寇准离去。王钦若趁机问道："陛下敬重寇准，是因为他对国家有功吗？"真宗回答："是啊！"王钦若说："澶渊之役，陛下不以为耻，反而说寇准有功，这是为什么呢？"真宗愣了一下，问王钦若："为什么这么说呢？"王钦若说："城下之盟，《春秋》耻之，澶渊之事乃城下之盟。以万乘之贵，而为城下之盟，还有比这更耻辱的吗？"所谓"城下之盟"，典故出自春秋时期，楚国攻打北部邻居绞国，绞国人虽然奋力抵抗，最终还是战败，只好与楚国签订丧权辱国的盟约。

一席话说得真宗心情沮丧，王钦若继续拱火："陛下听说过赌博吧？赌徒在钱快输光的时候，会尽其所有全部押上，输赢在此一举，这叫'孤注一掷'。陛下在澶州时不过是寇准的'孤注'罢了，真是危险啊！"一席话勾起真宗在战场上的所有恐惧，想想都后怕，于是从此以后，真宗对寇准的态度就渐渐变得冷淡了。景德三年（1006 年）二月，寇准被免去宰相职务，担任刑部尚书兼陕州（今河南省三门峡市）知州。

天禧元年（1017 年），真宗任命寇准为山南东道节度使。可是这个时候，巡检朱能与太监周怀政上奏，说他们发现了"天书"。真宗心里很清楚，"天书"肯定是伪造的，于是请教宰相王旦如何处理。王旦说："寇准从来不相信天书之谈，今天有人发现了天书，那就必须让寇准送到京师来。"王旦这是让寇准做选择：说假话就可以升官，不说假话永无出头之日。寇准明知天书是伪造的，却接受真宗的旨意送天书进京。寇准为什么这么做呢？原因很简单，他太想进入朝廷的权力中枢了，暂时的妥协是为了获取更大的权力。果真，捧着天书进京的寇准，被真宗"拜中书令兼吏部尚书、同平章事"，这是寇准的第二次拜相。

天禧三年（1019 年），真宗得了风疾，不能理政，刘皇后开始干政并且特别信任参知政事丁谓。此二人之所以结盟，是因为有共同利益。刘皇后的娘家人曾经仗势犯法，真宗下诏赦免，但遭到寇准坚决反对，从此，刘皇后与寇准结下怨仇。丁谓本来是寇准的得意门生，有一次在中书省吃饭，他见寇准的胡须沾了些菜汤，便马上起身为寇准擦胡须。寇准讥讽道："参政乃国之大臣，怎能为长官清理胡须？"从此留下"溜须"的典故。丁谓为此恼羞成怒，发誓要报复寇准。

刘皇后要干政，寇准必定阻拦，而丁谓想当宰相，就必须扳倒寇准，二人因此结成同盟。为了应对这种局面，寇准私下对真宗进言："皇太子人所属望，愿陛下考虑宗庙之重，将权力交给太子，选择正直的大臣辅佐。丁谓和钱惟演是佞人，不能让他们辅佐少主。"真宗表示同意。寇准密令翰林学士杨亿起草奏表，请太子监国并且准备让杨亿担任参知政事。可是还没等付诸行动，这些秘密举措就泄露了。刘皇后立刻予以反击，将寇准罢相，转而拜丁谓为宰相。

这个时候，伪造天书的太监周怀政感到非常紧张，为了避免自己获罪，他密谋政变，打算诛杀丁谓，阻止刘皇后干政，将太子扶上皇位，奉真宗为太上皇，并恢复寇准的宰相官职。可是周怀政的密谋，被杨崇勋获悉，他立刻向丁谓告发。丁谓半夜三更换上便装，乘坐牛车来找曹利用商量。二人经过一夜的准备，第二天一大早发难，杀了周怀政，将寇准降为太常寺卿。

天禧四年（1020 年），丁谓将寇准贬为相州（今河南省安阳）

知州，后又贬为道州（今湖南省道县）司马。参知政事李迪非常愤慨，公然宣布与丁谓不共戴天，甚至用笏板击打丁谓。可是真宗却并不知道寇准出了什么事。有一天，他突然问左右侍从："朕很久不见寇准，他人呢？"左右谁也不敢吱声。

乾兴元年（1022 年）三月，真宗驾崩，太子赵祯继位，年仅 13 岁，刘太后垂帘听政。丁谓勾结宦官雷允恭，修改"诏书"，把真宗病死归罪于寇准，将寇准再贬为雷州司户参军，并且将朝中与寇准关系好的大臣全部清除，其中，李迪被贬为郓州（今山东省东平县）知州。

天圣元年（1023 年），朝廷下诏：徙寇准为衡州（今湖南省衡阳市）司马。寇准接到诏书之后，派人到洛阳的家中取太宗当年赏赐的犀牛角腰带。这腰带太宗一共就有两条，一条赐给寇准，一条赐给了秦王赵廷美。寇准只有上朝时才佩戴，把它留在洛阳家中更是希望有朝一日还能用上，现在彻底绝望了，就派人取回。寇准收到腰带后，沐浴更衣，换上朝服，束好腰带，面向北方，行跪拜之礼。能够独自完成这一系列动作，表明寇准当时并没有病入膏肓，所以他因病而死的可能性不大。那么，寇准"就榻而卒"的最大可能就是服毒自杀！

寇准之死说明一个道理："沧海横流，方显英雄本色！"

寇准的才华和人品在危难时刻会大放异彩，但在和平时期便成为他的缺点。个性和能力都太强的人需要大格局的领导，遇到心胸狭窄的上司就只能走向悲剧的结局。寇准才华横溢，心气极高，意志顽强，不甘寂寞，渴望权力，更渴望建功立业。

当他意识到自己的仕途已被完全阻断时，生命也就失去了意义，他不可能在贬谪之地苟延残喘，正所谓"壮志销如雪，幽怀冷似冰"①，选择自行了断是寇准性格所导致的必然结果。

---

① 寇准：《寇忠愍集》卷下，民国二十三至二十五年陕西通志馆铅印观众丛书本，第 108 页。

07

王安石变法为何失败？

宋神宗熙宁年间（1068—1077 年），王安石主持变法，史称"熙宁变法"。这是北宋时期一次重大的制度变革，以富国强兵，挽救宋朝政治危机为主要目的，其措施以理财、整军为中心，涉及政治、经济、军事、社会和文化等各个方面。可是，这场轰轰烈烈的变法最后以失败告终。许多人不禁要问：这明明是一场旨在富国强兵的变法改革，为什么会徒劳无功呢？为了解开这个谜，我们先从神宗皇帝接到的一份急事密奏说起。

熙宁六年（1073 年）三月的一天，神宗上朝回来，内侍交给他一份急事密奏，皇帝以为边关出现了紧急战况，连忙打开一看，内容却是一幅《流民图》和一份《论新法进流民图疏》。送来此图和奏疏的人名叫郑侠，是开封城一位看城门的小吏。神宗感到受了欺骗，正想发火，却被《流民图》绘制的场景吸引了目光。只见画面上是一群逃荒的百姓，蹒跚于田野间、土路上。几间草棚，倚着半枯的老树，愁云惨淡的天幕下，哀鸿飞过。整张画上有近百名各色人物，其中有乞讨的老人，背着孩子的母亲，卧倒路旁的病人，水井边排队等着汲水的饥民，山坡上还有几个孩子在挖野菜……画面中的人物个个面黄肌瘦、神色愁苦。这一幕惨景强烈地震撼了神宗。

神宗又打开了《论新法进流民图疏》。郑侠在奏疏中写道：去年暴发蝗灾，紧接着又是大旱，从去年的秋天一直到今年的春天，滴雨未下，麦苗都枯死了，其他种类的庄稼根本来不及播种。春天采伐竭泽而渔，草木鱼鳖都难以生存，可是官府却依然征收钱粮。这一切"皆由中外之臣，辅佐陛下不以道，以至于此"[1]。意思是，一切天灾源自人祸，这些人祸都是王安石主持的新法所造成的结果。郑侠建议皇帝："只要罢黜王安石，十天内必定下雨，如果不下雨，就请把我推出宣德门斩首。"

看到这里，也许有人不禁要问：郑侠是何许人也？为什么要以命相搏，弹劾王安石？

郑侠，字介夫，号"一拂居士"，福建福清人，后迁至县城西塘，人称"西塘先生"。他的父亲郑翚曾任江宁（今江苏省南京市）酒税监。由于官小职卑又清廉正直，再加上郑侠的弟弟妹妹很多，因此郑家十分清贫，生活艰苦。郑侠唯一的出路就是刻苦攻读，参加科举博取功名，以此改善家庭的生活状况。治平二年（1065 年），郑侠来到父亲的任所生活，在江宁的清凉寺读书。当时王安石正担任江宁知府，听说郑侠才华出众，对他十分重视，不但邀请郑侠相见，给予鼓励和安慰，勉励他成为国家栋梁之材，而且还派自己的学生杨骥到清凉寺陪伴郑

---

① 李焘：《续资治通鉴长编》卷二百五十二，中华书局，2004，第 6152 页。

侠读书，其实就是辅导郑侠参加科举考试。显然，王安石对郑侠寄予厚望。

而郑侠也的确没有辜负王安石的期望，他于治平四年（1067年）考中了进士，授秘书省校书郎，时年27岁。两年后，王安石得到神宗的重用，担任参知政事，开始主持变法。郑侠也立即被他提为光州（今河南省潢川县）司法参军，主管光州县的司法工作。凡是光州县的案件，郑侠审讯清楚，上报之后，王安石全部按照郑侠的要求给予批复。郑侠非常感激王安石，将王安石视为恩师和知己，决心为国为民竭诚尽忠，以报答王安石的知遇之恩。

熙宁五年（1072年），郑侠任期届满入京述职，前去拜见王安石。当时朝廷开始使用新法考试，选举能帮助推行新法的人才，考中者可以越级升为京官。王安石建议郑侠参与考试，通过这个途径可以尽快得到升迁和重用，但郑侠却婉言拒绝了。这是为什么呢？因为郑侠在地方工作期间，目睹了新法的种种弊端，他开始反对王安石的变法。郑侠在拒绝王安石建议的同时，也直言不讳地向他指出新法的各种弊端，明确表达了自己的反对意见。然而，王安石不但不接受建议，反而勃然大怒，将郑侠贬为开封城看城门的小吏。就这样，郑侠从王安石的崇拜者转化为坚定不移的反对者，开始给皇帝上疏，弹劾王安石，反对实施新法。

可是郑侠官职太低，人微言轻，他的上疏根本无法转达到皇帝手上。在朝廷被变法派掌控的情况下，一味地强调新法不好，也没有多少人会相信。那么如何才能说服皇帝停止实施新法呢？

郑侠一时无计可施。就在这个时候，机会来了。什么机会呢？就是天灾降临！先是蝗灾，然后是超过半年的大旱，百姓陷入自然灾害带来的苦难之中。当时不只老百姓相信天人感应的理论，皇帝和大臣们同样深信不疑。于是郑侠就将自然灾害与王安石的变法联系在一起，给神宗奉上了《流民图》和《论新法进流民图疏》，将自然灾害的发生完全归因于王安石的新法。神宗看了《流民图》，读了郑侠的上疏，深受震撼，他将图和疏放在袖子里，长吁短叹，夜不能寐。

第二天早朝，神宗下旨，宣布废除新法。三天之后，居然真的下起了大雨。朝廷的大臣们见旱情有所缓解，纷纷向皇帝表示祝贺，可是神宗却把郑侠所进的《流民图》和奏疏拿给他们看，同时责备他们实施的新法弊端丛生。大臣们这才知道神宗罢黜新法的原因。一打听，原来这个上图和疏的郑侠只是开封城看城门的小吏，居然如此大胆，将他的图和疏谎称为"急事密奏"，用快马递送急件的方式，通过银台司呈给了皇上，这种操作既是越权，又是欺君！于是众位大臣要求把郑侠交给御史台，"治其擅发马递罪"[1]，并将他贬到福建的汀州（今福建长汀县）。当郑侠走到太康（今河南省太康县）的时候，参知政事吕惠卿又罗织罪名，要求将郑侠追回，准备将其处死。可是神宗却表示反对，说："郑侠所说并非为了自己，他这样做

---

[1] 脱脱等：《宋史》卷三百二十一，中华书局，1985，第 10436 页。

既忠诚又可嘉，不必再深究了！"有了皇帝开恩，郑侠这才免于死罪，最后被流放到了英州（今广东省英德市）。

　　处理了郑侠后，吕惠卿不甘心见新法就这样被废除，于是对皇帝进言："陛下数年以来，废寝忘食才成就如此美政，天下刚刚得到好处，却听狂夫之言将新法罢废殆尽，真是太可惜了！"听了吕惠卿这番话，神宗又开始犹豫，是否应该再度实施新法。这个时候，神宗的奶奶和母亲——曹太皇太后与高太后，一起向神宗哭诉："王安石乱天下！"①

　　面对两位长辈的哭诉，神宗又没了主意。可是问题来了：这两位身居深宫的老太太怎么会知道王安石乱天下呢？原因很简单，在实施新法的过程中，那些个人利益受到伤害的权贵天天找太皇太后和皇太后告状。

　　面对祖母和母亲施加的压力，神宗只好罢免了王安石的职务，彻底终结了这场轰轰烈烈的变法。表面上看，是郑侠利用一场大旱扳倒了王安石，导致新法被废除。但以今天的眼光分析，王安石变法失败有更深层的原因。至于是什么原因，我们先梳理一下新法实施过程中出现的弊端。

　　虽然王安石的变法是对宋朝的政治、经济、军事和文化等各方面进行的全方位改革，但如郑侠这样反对新法的人并不全面攻击新法，而是揪住其中几项内容，以点带面，以偏概全，最终达到全盘否定新法的目的。比如，郑侠首先攻击"青苗法"，

---

① 　王称：《东都事略》卷七十九，清嘉庆三年席氏扫叶山房刻本，第 1123 页。

这是因为，"青苗法"在实施过程中出现的弊端最为严重。

所谓"青苗法"，用现在的说法其实就是小额借贷。在每年青黄不接的时候，官府可以出借贷款，帮助农民度过春荒，还贷方式可以用货币，也可以是粮食，年利率为 40%。一听这个利率，很多人可能会被吓一跳："天啊，这不是高利贷嘛！"随后便会追问："王安石为什么要向老百姓发放高利贷？"

其实，王安石的目的是抑制地主豪强盘剥农民，同时为政府增加财政收入。王安石以 40% 的年息借贷给农民，虽然绝对利息很高，但是同地主豪强们的百分之百的高利贷相比，40%的青苗法就是低息借贷了。然而，这项新法在实施过程中却出现了明显的问题，具体表现在两个方面：其一，并非所有农民都需要借贷，可是朝廷为了创收，层层下达硬性指标，地方官员为了完成任务，逼迫百姓无论是否需要，都必须向官府借贷；其二，为了增加朝廷的财政收入，地方官员随意提高还款利率，虽然规定的利率是 40%，可是经过政府官员的层层加码，贷款农民最后还贷的实际利息，最高时竟然翻了一番还多。正如司马光所说："贫民于正、二月间请得陈色白米一石，却将来要新好小麦一石八斗七升五合，粟要纳三石。若送纳见钱，即又须贱粜，以偿官中本利……今官中取利，乃约近一倍，使向去米价转贵，则取利转多，虽兼并之家，不至如此。"① 就这样，青苗法从利民的善政转变为官府放高利贷、收取利息的苛政。

---

① 司马光：《司马温公集编年笺注》附录卷十，巴蜀书社，2009，第 339 页。

郑侠和新法反对派第二个攻击的对象是"市易法"，该法主要是针对城市商品交易的法律。政府在京师开设都市易司，在边境和大城市设市易务，对市场价格进行管控。最初的目的是平抑物价，调剂供需，限制大商人囤积居奇，把以前大商人赚取的超额利润转化为政府的财政收入。可是这一举措在打击大商人的同时，也伤害了中小商户的利益。因为原本立足于平抑物价、抑制大商人重利盘剥的新法，实际上是由政府来垄断市场、货源和价格，甚至批发与零售都被政府官员人为操纵。不但商业的利润空间被政府挤压，而且人为的操控完全违背市场经济规律，使得城市商业开始凋零。

还有没有进入郑侠的视野，却让广大农民怨声载道的"保甲法"。所谓"保甲法"，就是将农村的住户组织起来，每十家组成一保，五保为一大保，十大保为一都保。凡有两丁以上的家庭，必须出一个保丁。平时集合保丁进行军训，夜间轮流巡查，维持治安。王安石实行此法的目的有三：其一，"除盗"；其二，部分恢复征兵制；其三，节省军费。可是在实际执行的过程中，却给百姓带来深重的灾难。因为抽保丁参加军训会严重影响农业生产，而且乡村的里正、保长等乡官借助手中的权力，欺凌和勒索百姓，变成了村霸。百姓们苦不堪言，有些保丁为了逃避军事训练，甚至不惜自残。"元丰年间，诸路盗贼蜂起，皆保甲为之，本欲御寇，乃自为寇"①，"保甲法"完全走向变法意图的反面。

前文说到神宗的奶奶和妈妈在神宗面前哭诉"王安石乱天下"，这是因为她们听到的都是朝廷权贵的抱怨，也就是说，王安石变法的本意虽是维护封建王朝统治，却遭到统治集团内部一些人的坚决反对。这是为什么呢？

因为有些新法触犯了既得利益者的利益，主要是"募役法"，也叫"免役法"。此法规定：由州、县的官府出钱雇人完成徭役，所需经费由民户分摊。意思是，过去用劳务的方式缴税，现在改用货币的方式支付。这样一来，农民可以不再因为要服徭役而影响务农，这本来是促进农业生产的一项好政策。可是"免役法"还规定，原来享有免役特权的人必须交"助役钱"，以增加财政收入。这就使得原本拥有免役特权的大官僚、大地主们不得不交钱，于是他们成为新法最坚决的反对者。

通过以上分析可见，王安石变法的内容绝大部分是为了提高政府的财政收入，用现在的话说就是"创收"，可是如果不落实发展生产的具体措施，在经济总量没有增长的情况之下，一味地"创收"就会变成对社会财富进行再分配，占取其他群体的利益，这叫"收创"。比如"青苗法"是与农民争利，"市易法"是与商人争利，"免役法"是与官员争利，最终引起全

---

① 曾枣庄、刘琳主编：《全宋文》第一百七十三册，上海辞书出版社，2006，第 133 页。

社会的普遍反对，新法失去人心，最终导致变法失败。

可是制订这些新法的初衷都是好的。比如"青苗法"原意是帮助贫苦农民度过春荒；"市易法"是为了避免大商人控制市场，赚取高额商业利润，从而减轻百姓所受的盘剥；"免役法"是想把农民从沉重的徭役中解放出来。可是为什么实施不久就弊端丛生，走向变法者意愿的反面了呢？笔者认为需要看到王安石变法失败的根本原因。

这个原因说来也简单：在王安石变法的十项内容中，除了"农田水利法"，其他基本属于对政府的行为规划。政府行为虽然行之有效，却必然产生弊端。因为中国古代封建社会，其实从来就不是法治社会，典型的表现是只有刑法，没有宪法、民法、行政法和经济法。政府行为根本没有任何法律的约束，这种公权力本身已经非常可怕。而王安石的变法，又让这种公权力直接掌握经济管控权，换言之，每一个实行新法的官员都可以直接接触巨大的经济利益，却不受任何有效限制，这就好比本来就没有关在笼子里的老虎闯进了羊群。这样一来，公权力被滥用就成了必然结果，腐败不可遏制地蔓延，最终引起民怨鼎沸，使新法以失败告终。

08

大宋王朝的确辉煌

宋真宗景德元年十二月（1005 年 1 月），宋朝与辽国签订了"澶渊之盟"，从此双方之间保持了一百多年的和平。

三十多年后，宋朝与西夏之间爆发战争，并且断断续续交战五次，从宋仁宗时代一直打到宋徽宗时代，西夏才终于向宋朝臣服。不过，在开战之前，北宋至少获得了三十多年的和平发展时期，且东北边境的宋辽双方一直相安无事，换言之，虽有小战，但大部分国土都处在和平发展状态之下，这就使得北宋在政治、经济、文化等方面取得了辉煌的成就。这辉煌的程度究竟如何呢？就让我们从一幅画儿说起。

这幅画就是著名的《清明上河图》，北宋著名画家张择端的代表作。在 5 米多长的画卷上，作者共绘制了 800 多个人物，90 多头各类牲畜，20 多艘大小船只，30 多幢楼宇，还有许多车辆，以及轿子等，生动形象地再现了北宋时期首都的繁华景象。

可是，围绕此画的标题《清明上河图》，人们却产生了疑问。张择端的题跋中出现"清明"的字样，因此历代收藏家、鉴赏家和评论家一致认为，《清明上河图》画的是北宋时期开封城中居民过清明节的景象。可是仔细观赏此画，却几乎找不到一点儿与清明有关的生活内容或细节。比如，古时候的清明节又叫寒食节，不能生火做饭，画上却有人正在做饭；清明节要上坟扫墓，画面中却没有出现一座坟墓；清明节要烧纸，可是画上的纸品店门口没有顾客。显然，《清明上河图》表现的并不是清明节的场景。

非但如此，《清明上河图》所表现的根本不是单一的季节，更不可能是一年中的某一天。比如，画面中有驮着木炭的驴子，这是秋天甚至是初冬时节才会见到的情况；画中有人用扇子扇风，或者遮阳，有人戴着草帽和斗笠，但天并没有下雨，这显然是夏天乘凉防晒的做法；酒肆的酒旗上写着"新酒"，通常收了新粮才会酿造新酒，这应当是秋天的情景。由此可以得出结论，《清明上河图》中的景色有秋天，有夏天，也有春天，几乎将一年四季融在一个空间之内，以一幅画同时呈现，这是一种艺术创作。实际上，艺术家是将他记忆中的开封景色统统画了下来，在艺术家的想象中，时间可以跨越，空间可以共存。《清明上河图》描绘的是多个季节，并不是清明这特定的一天。而题跋中的"清明"二字应当是画家张择端写题跋时的落款时间，而不是指画面中表现场景的时间。

那么此画标题中出现的"清明"二字究竟是什么意思呢？有学者考证，清明指的是当时开封的一个城区——清明坊，也就是说，《清明上河图》所展现的并不是整个开封城，而只是开封城的一个区域——"清明坊"。所谓"坊"就是街区，它自唐代开始出现，用于管理城市的居民，主要功能是将坊里的民居与作为商业区的"市"隔离开。可是随着城市经济的发展，"坊"与"市"逐渐难以隔离，为了加强管理，只好在坊的基础之上，增加了一层管理机构——"厢"，功能类似现代城市的区，而坊就像是如今现代城市中的街道。"厢坊制"是北宋时期特有的城市管理体制，是城市经济发展的重要标志。

据史料的记载，北宋时期的开封城一共有136个坊，外城东郊区有三个坊，其中第一坊就是清明坊。明白了"清明"的意思之后，"上河"也就容易解释了。画中有一条河穿过清明坊，这条河就是汴河。因为汴河是由西北向东南流的，作者画的是清明坊的西北部分，它位于汴河的上游，因此称"上河"。清明坊地处开封城的东南门，一半在城里，一半在城外，属于城乡接合部，连此地都如此繁华，那么整个开封城的繁荣景象就可想而知了。

还有一个重要证据能证明北宋时期经济繁荣，就是北宋朝廷颁布的《商税则例》，这是中国历史上第一部工商税法。有人诟病这部工商税法，认为这是以法律的形式加强对工商业的盘剥。这种观点显然只看到了问题的一个方面。其实，这部税法在规定征收具体的商税的种类和税率，以及写明对偷税、漏税和逃税的处罚措施之外，也同时要求从中央到地方的各级政府必须依法征税，禁止征收没有法律依据的苛捐杂税，从而保护了工商业的健康发展。

北宋时期，不仅开封的经济一派繁荣，而且国内许多城市以及城市周边的广大农村经济也很繁荣。证据就是《清明上河图》中出现的 90 多头各类牲畜，20 多艘大小船只，还有许多车辆，表明开封城的交通运输非常繁忙，物资与人口流动很大。如果没有周边地区农业经济的繁荣，城市的工商业是不可能如此繁荣的。宣和年间（1119—1125 年），开封城人口超过百万，全国人口超过了一亿。

几十年的和平稳定，城乡经济繁荣，为文化教育事业的发展提供了坚实的基础，当然这也与北宋朝廷的政策密切相关。众所周知，北宋统治者一直采取"重文轻武"的国策，在加强和完善国家制度制衡将军权力的同时，赵匡胤提出"与士大夫共治天下"的政治主张，极大地提高了知识分子的政治地位。赵光义当上皇帝之后，为了赢得士大夫阶层的支持，迫不及待地举行科举考试，并且亲自出题进行殿试，甚至降低录取标准、扩大录取名额。在他即位的当年，一次录取了五百多位进士。他在位期间，几乎年年如此。这就在客观上促进了教育事业的发展。

北宋建立之初，虽然设立了国家最高教育机构国子监，但是没有学生，也没有教学活动。这说明北宋初年的统治者并不重视教育。后来朝廷开科取士，重视有文化的读书人，必然会激发人们读书学习的热情，促进民间教育事业的发展。因此，北宋时期民间纷纷举办各类私学，有专门做启蒙教育的，有辅导科举考试的，规模较大的私学就叫作"书院"。

每年开科考试，录取的人数越来越多，民间办学根本满足不了朝廷对人才的选拔需要，录取的官员文化水平越来越低，政府终于意识到教育的重要性。随即，宋仁宗下旨各州府兴办学校，从而迎来了第一次政府办学的高潮。庆历三年（1043年），北宋各地兴起了第二次办学高潮，要求有条件的县都要办学校，虽然县级办学数量较少，但从此确保了全国各州都建立官办学校。

为了选拔优秀人才，北宋朝廷进一步完善科举制度。第一，考官的亲属参加考试必须用化名；第二，严格完善考场制度，杜绝作弊行为，一旦发现作弊，终身取消考试资格；第三，主考官员接受监考任务之后不许回家，以杜绝走后门的行为；第四，实行糊名制，就是将考生姓名密封，阅卷之后再拆封。

教育的发展和制度的完善，使优秀的人才脱颖而出。对文官的重视，使士大夫特别富有使命感和责任感。他们努力恢复中华文化传统，特别关心现实政治。典型的表现就是对古文运动的倡导。比如，嘉祐二年（1057年），欧阳修主持科举考试，对写骈体文的应试者一概不录取，录取的都是用先秦古文写文章的应试者，以后的科举都贯彻这一原则，引导各学校在教学中改用先秦古文写文章。熙宁年间（1068—1077年），科举不再考背诵文献，专门考对经典意义的理解，对现实政治的关注程度。这就使学校的教育不再过分强调背诵，而更多注重结合现实理解经典。关心民生疾苦，注重现实生活感受，不满意骈体文，改用先秦古文写文章，这一系列倾向引发了文学领域的革命——古文运动。欧阳修是古文运动的领袖，他的《醉翁亭记》是其代表作，其中"醉翁之意不在酒"名句意味深长。继欧阳修之后，王安石的散文创作更关注政治，为改革变法服务，有很强的现实性与针对性。范仲淹的《岳阳楼记》以华美的辞藻、铿锵的节奏、悦耳的韵律、瑰丽的想象，将洞庭湖及周边的山川景色，在不同的时间，不同的气候，不同的季节中的各种变化都淋漓尽致地表现出来，令人心旷神怡。同时又饱含着观赏者因景色变化而产生的各种不同感受，情绪跌宕起伏，读之荡气回肠。最后一句"先天下之忧而忧，后天下之乐而乐"，使人回味无穷！

苏轼的散文更加气势宏大，达到中古散文的最高境界。比如，他在贬谪黄州时创作的《前赤壁赋》，追求物我为一，有庄子的自由和佛家的洒脱；《后赤壁赋》渴望超越生死，有老子的自然和道家的飘逸；而他豪放词的代表作《念奴娇·赤壁怀古》又对此境界起到画龙点睛的作用，尤其是最后一句："故国神游，多情应笑我，早生华发。人生如梦，一樽还酹江月。"其中的苍凉、悲怆、洒脱和旷达的境界，是久经磨难之后的精神超越，是圆融了儒、释、道三家之后的思想升华，足以视为宋代诗词创作辉煌时期的代表作。

文学艺术取得辉煌成就的同时，宋代理学开始形成。最初的发轫是周敦颐对程颢、程颐兄弟二人的启迪："寻颜子仲尼乐处，所乐何事？"[①]

---

① 程颢、程颐：《程氏遗书》第二上，华东师范大学出版社，2010，第31页。

　　此问中的"颜子仲尼乐处"包含了孔子的两段话。孔子曾经自我评价："其为人也，发愤忘食，乐以忘忧，不知老之将至云尔。"[1] 另有一句是孔子曾经夸赞颜回的话："贤哉，回也！一箪食，一瓢饮，在陋巷，人不堪其忧，回也不改其乐。"[2] 这两句说的就是所谓的"颜子仲尼乐处"，是传统儒家所提倡的"安贫乐道"的精神境界。对孔颜之乐的追问，也是宋代儒生在应对佛教和道教的挑战时，对自身人生意义和终极关怀的思考与追问。

　　理学先驱张载的答案是："为天地立心，为生民立命，为往圣继绝学，为万世开太平。"[3] 此语表达了中国古代知识分子的使命感和责任感。这种人生的意义和道德情怀，正是宋代儒家面对佛教、道教的挑战，回答人生意义与终极关怀的最好答案。从此，宋代理学开始形成，并且渐渐表现出三大特征：第一，不做章句训诂，只探求儒学经典的义理；第二，积极参加政治活动以改善时政；第三，在吸收佛道学说基础上超越它们。同时，宋代理学选出了自己的经典：《大学》《论语》《孟子》《中庸》；此四部经典的问世也是宋代理学成熟的标志，是儒、释、道三家融会贯通之后，中国古代哲学达到的全新高度。

　　知识分子地位的提升，思想的自由和宽松，理学思想的成熟，

---

① 陈晓芬、徐儒宗译注：《论语·述而篇》，中华书局，2015，第 81 页。
② 陈晓芬、徐儒宗译注：《论语·雍也篇》，中华书局，2015，第 66 页。
③ 张载：《张载集》，中华书局，1978，第 376 页。

推动了科学的繁荣。其中数学取得了突破性发展。比如，沈括创立的"隙积术"和"会圆术"。所谓"隙积术"，是将物品按一定方式堆积后算总数的计算方法，类似于我们今天的等差数列求和；所谓"会圆术"，是求解球面直角三角形的圆弓形弧长的方法。

北宋朝廷比较重视天象的观察与记载，如景德二年（1005年），在豺狼座发现了一颗超新星。沈括在《梦溪笔谈》中详细记载了治平元年（1064 年），一颗陨石坠落在宜兴（今江苏省宜兴市）的过程。北宋时还进行过 7 次规模较大的恒星测量，观察结果录入《灵台秘苑》，形成了明代以前收集恒星数量最多的星表。崇宁五年（1106 年）修成的《纪元历》，在回归年、朔望月等方面的计算相当准确。

北宋的物理学也很有成就，最典型的成果就是制造指南针。北宋科学家沈括的《梦溪笔谈》中详细介绍了指南针的制作方法，这一成果在航海实践中得到应用，取得了很好的效果。沈括还发现指南针并没有指向正南，而是微微有些偏东。这是科学史上首次明确记载磁偏现象。

沈括还在《梦溪笔谈》中记载了一个名叫毕昇的人，他发明了活字印刷术。

北宋化学的最高成就是促进了火药在军事领域的应用。比如，曾公亮编写的《武经总要》记述了黑火药的配方及火药武器，但这些火药均为燃烧性的，不具备爆炸功能。到了北宋末期，用爆炸性火药制造的武器开始出现，如李纲在《靖康传信录》

中记载过此类武器的制造和使用方法。

药学成就是《重定神农本草》的编撰，药品制作成就辉煌。比如，用山茄花制作麻醉剂，用蟾苏制作强心剂，用罂粟制作止痛药，等等。总之，北宋时期的科学达到了当时世界最先进的水平。

北宋的艺术水平也相当高，比如，书法艺术有北宋四大家：苏东坡、黄庭坚、米芾和蔡襄。绘画能代表中国画最高艺术水平的就是宋代的山水画。而且宋代山水画家人才辈出，各有专长，李成的塞林平原，范宽的崇山峻岭和雪景，许道宁的林木野水，郭熙笔下的四时朝暮与风雨明晦，等等，都是令后人赞叹的艺术精品。

总之，北宋是中华文化的辉煌时期。可是，宋朝北部边境一直活跃着游牧民族，他们虽然落后，却生机勃勃，战争动员力极强。和平日久且重文轻武的宋朝面临十分强劲的对手，辉煌的文明与完善的制度却制约了自己的军事能力，因此在战争中败多胜少，辉煌的大宋王朝最终亡于外族的入侵，文明出现巨大断层，不能不令人扼腕叹息，难抑悲情！

09

端王轻佻，如何成为君主？

北宋哲宗朝的宰相章惇，在推荐皇位继承人时曾经断言："端王轻佻，不可以君天下！"[①]"端王"就是后来的宋徽宗赵佶，"轻佻"也写作"轻窕"，指行动不沉着、不稳重，也指言语不庄重、不严肃。语出《左传》："楚师轻窕，易震荡也。"[②]意思是，楚国的军队纪律松散不庄重，易于攻破；另见《三国志》："皆轻佻果躁，陨身致败。"[③]说的是东汉末年的孙坚、孙策父子二人，皆因性格轻佻武断，导致身亡。显然，具有"轻佻"的品性的人不适合当国君。

事实证明，章惇所言极是。因为，端王赵佶自幼养尊处优，养成了轻佻的性格，他爱好笔墨、丹青、骑马、射箭、蹴鞠，对奇花异石、珍禽异兽有浓厚的兴趣，在书法绘画方面表现出非凡的天赋。然而，这些艺术家的才能，放到一个皇帝身上就

---

① 陈邦瞻：《宋史纪事本末》卷四十八，中华书局，2015，第467页。

② 郭丹等译注：《左传》襄公二十六年，中华书局，2018，第1390页。

③ 陈寿：《三国志》卷四十六，中华书局，1982，第1113页。

是"轻佻"，不靠谱。可是，既然端王轻佻，为什么还要选择他当皇帝呢？这还得从哲宗皇帝驾崩说起。

元符三年（1100 年）正月，哲宗驾崩，年仅 24 岁。哲宗没有子嗣，皇位没人继承，因此在哲宗驾崩的当天，向太后就召集朝中宰执，讨论皇位继承人的问题。向太后说："家国不幸，大行皇帝无子，天下事须早定。"宰相章惇马上厉声回答："按照规矩应该立简王，因为他是皇上的同母弟弟。"向太后表示反对："申王以下的神宗诸子难分尊卑高低，但申王眼睛有病，不能继位，所以只能立端王。"意思是，向太后虽然是皇后，却没有生儿子，所以包括哲宗皇帝在内的神宗皇帝之子都是庶子，大家身份一样，只能按照长幼的顺序选择皇位继承人。哲宗皇帝的二弟申王赵佖眼睛有病，不能继位，那就轮到哲宗皇帝的三弟，端王赵佶了。

可是章惇却反驳说："端王轻佻，不可以君天下。"

章惇为什么敢放言端王轻佻，同时又力挺简王赵似呢？原因很简单，就是因为简王赵似的母亲，皇太妃朱氏，曾经委托宦官梁从政，悄悄找过宰相章惇，一同谋划拥立简王赵似继位。章惇为了赢得拥立之功，这才力挺简王。显然章惇所谓"端王轻佻"的结论，并不是他有所预见，更不是公正地评价，而是包藏私心，故意指责。这样一来，真正轻佻的就不是端王，而是章惇自己了。这个时候，知枢密院事曾布插话："章惇根本没有和众位大臣们商量过，我们还是应该听从皇太后的圣谕！"尚书左丞蔡卞、中书门下侍郎许将等人马上附和："合依圣旨！"

皇太后补充道："先帝尝言："端王有福寿，且仁孝，不同诸王。""[1]先帝的评价一出，章惇只好闭嘴。于是太后"召端王入，即皇帝位"[2]。一个拥有一亿多人口的国家的最高领导人，就这样简单地产生了。可是，当时有资格继承皇位的候选人共有五人，赵佶只是其中之一，他之所以能够成为皇帝，无非缘于偶然的出生时间和太后的一句话。即使皇帝的登基大典搞得再隆重，也无法掩盖其制度本身的"轻佻"，何止是轻佻，简直就是儿戏！

而且这种"轻佻"已经成为上层社会的风气。例如，向太后曾对曾布透露："梁从政是神宗最信任的太监，昨天见皇上病危，我问梁从政："皇上已经到了这个地步，我可怎么办呢？"梁从政回答："但问章惇。"当时我就感到事情蹊跷，就反问他："章惇如果说得不对又怎么办呢？"梁从政回答："他是宰相，应该对。"当我见到章惇时，听他所言和梁从政说的完全一致，我感到既吃惊又疑惑。"向太后与朝廷宰执之间这番"八卦"，与她的太后身份实在不符，多少有些轻佻。

向太后之所以在宰执面前轻佻地拨弄是非，其用意非常明确，就是想告诉朝廷的宰执们，她在确定皇位继承人时，并未征求宰执的意见，或排除他们的阻力，拥立端王赵佶完全是她的个人意志，不借助任何人的力量，所以她应该获取支配皇帝的绝对权力。生活在后宫几十年的向太后，处理国事就像处理

① 脱脱等：《宋史》卷十九，中华书局，1985，第358页。
② 同上。

家事；说得好听是"治大国若烹小鲜"，说得不好听就是轻佻、儿戏！

两宋之交的著名文人邵伯温，在《辨诬》一文中进一步证实了这一点。据他描述，哲宗驾崩，向太后在宫中自己做主立赵佶为帝，群臣根本不知情。第二天一大早上朝，向太后隔着帘子问章惇："先帝无子，神宗诸子之中，应该立谁啊？"章惇回答："以礼律推之，当立同母弟简王。"向太后说："老身无子，诸王皆神宗庶子。"章惇回答道："那就应该立年长者。"向太后说："相公难道不知道申王眼睛有病，不可以视天下吗？"章惇刚要反驳，枢密使曾布厉声说："章惇，听皇太后处分。"这个时候，"帘卷，上皇已立"[1]。大臣们定神一看，就是端王赵佶，原来新君早已即位。这简直是拿朝廷大臣们开涮啊！太后根本不是在征求宰执们的意见，而是考查他们的政治立场。众臣大吃一惊，曾布等人庆幸自己赞同了太后的意见，章惇惶恐地走下大殿，哪里还有勇气说什么"端王轻佻，不可以君天下"这样的话。

难怪在所有宋代传下来的史料中，找不到章惇的这句话。以章惇的品性，他既不可能有这么大胆，也不可能有如此预见。那么这句话到底是从哪儿来的呢？通过进一步查阅史料，笔者发现这句话最早出自《宋史·徽宗纪》的"赞曰"："哲宗之崩，徽宗未立，惇谓其轻佻不可以君天下。"在《宋史纪事本末》

---

[1] 李焘：《续资治通鉴长编》卷五百二十，中华书局，2004，第 12361 页。

中明确指出："惇曰：'端王轻佻，不可以君天下。'"《宋史》是元代人所编，《宋史纪事本末》是明代人所撰，显然，"端王轻佻"一语更可能是后人对赵佶的评价。那么，端王是否轻佻呢？这要说说他即位之后的表现。

赵佶即位之初，向太后垂帘听政。向太后是个保守派，所以朝中的改革派担心会发生元祐年间那样的政局变动，再度废除新法。于是，章惇等人就在向太后面前极力赞颂神宗的变法，章惇甚至对向太后说："神宗执政期间取得了巨大的成就，可惜中间遭变故，让人感到非常痛恨和遗憾。"向太后不以为意："诸位都是神宗时期的旧臣，更应该辅佐现在的皇帝。当今皇帝的性格勤勉敦厚，一定会做得和神宗一样好。"向太后虽然在明面上附和宰相章惇的建议，但实际上不久便起用了保守派官员韩忠彦为吏部尚书，同时又起用改革派官员李清臣为礼部尚书，以表示不偏不倚。向太后这是在朝廷各派之间寻求平衡。

随着韩忠彦被提拔为右相，蔡卞等改革派官员被贬为地方官，哲宗时期被贬的保守派官员相继被召用，以司马光为首的二十几名保守派人士恢复了名位。向太后终于觉得自己的意志得到了充分体现，然后才把大权交给徽宗。长期生活在后宫之中的向太后，纯熟地掌握帝王之术，将各派朝臣置于股掌之中。但这种轻佻的政治手腕，被把玩者何来庄重与尊严？

徽宗亲政后不久就免去了章惇的宰相职务，显然是报复他反对自己上位一事，如此心胸狭窄，又怎能不轻佻？几天之后，韩忠彦从右相升为左相，知枢密院事曾布升为右相。这样一来朝廷官员就分成了两派：一派主张实行新法，被称为新党；另一派坚持反对新法，被称为旧党。不久徽宗又将年号改为"建中靖国"，这种表面的中立、不偏不倚，显然是做给向太后看的，本质上就是把国是当成儿戏。

建中靖国元年（1101 年）正月，向太后去世，保守派失去了后台，徽宗一改不偏不倚的态度，明确表示要继承神宗的遗志，继续推行新法，并且下诏第二年改元"崇宁"，意思是崇尚熙宁新法。不到一年的时间，治国方针就随意地多次发生根本性变化，政治上的轻佻必定造成朝政的分裂和动荡，导致朝中两派针锋相对，既没人能站出来维系平衡，也无法主持朝政。这个时候有人向皇帝推荐蔡京，徽宗立刻接受，开始起用蔡京。

蔡京是个典型的投机分子，在政治上更加轻佻。神宗在位时，他全力支持新法；元祐年间保守派上台时，蔡京任开封知府，为了保住官位，他立马转投司马光阵营，成了保守派。司马光要求五天内废除免役法，当时朝中大臣们的意见并不一致，可是蔡京不等商议结果，真就在五天之内废除了免役法。到了绍圣元年（1094 年），变法派代表章惇担任宰相职位，要求恢复免役法，交给众臣讨论，蔡京又立刻表示赞成，说："有什么可讨论的，按照熙宁新法执行就是了。"态度与元祐时期截然相反。

如此反复无常的小人，徽宗为什么要起用他呢？其中的关键人物就是太监童贯。当时童贯在杭州主持明金局，为徽宗收集古字画。蔡京因首鼠两端，同时受到新旧两党的排斥，被贬到杭州管理洞霄宫。不过，他擅长书法、绘画，与徽宗有共同的兴趣和爱好。于是，蔡京通过童贯不断将自己的作品进奉给皇上，甚至赠送给妃嫔和宦官，他们在皇帝面前一致赞誉蔡京，加上童贯在皇上面前的美言，徽宗对蔡京的印象特别好。当有人推荐蔡京时，徽宗立刻接受，把他从杭州调到京师，担任翰林学士承旨。这是翰林院的最高职位，能经常接触皇帝。蔡京充分利用觐见机会揣摩徽宗的心思，他发现皇帝有继续推行新法的意思，于是上疏攻击元祐之政，以赢得徽宗的信任。徽宗会重用一个没有原则的投机分子，完全出于个人爱好和蔡京的谄媚，这是"端王轻佻"最典型的表现。因为轻佻的皇帝，当然会选拔和重用轻佻的大臣。

崇宁元年（1102 年）五月，徽宗罢免了保守派宰相韩忠彦，六月，提拔蔡京为尚书左丞；闰六月，罢免了新党人物右相曾布；七月初，蔡京出任右相，半年之后升为左相，也就是正宰相了。蔡京仅靠阿谀谄媚，就迅速掌握了朝廷大权，皇帝的轻佻埋下北宋灭亡的祸根。

更轻佻的举措还在后面。蔡京掌握朝廷大权之后，立刻宣布禁行元祐之法。几天之后，又在中书设置讲议司，专门打击元祐党。蔡京将这样做的原因归咎于元祐党的所作所为。

元丰八年（1085 年），神宗驾崩，年仅 9 岁的太子赵煦继位，是为哲宗，高太皇太后垂帘听政。高氏一向反对变法，因此神宗刚去世，她就起用旧党领袖司马光。在太皇太后的支持下，旧党开始进行朝中的人事调整，一大批反对新法的人进入朝廷，新旧两党的力量对比顿时改观。旧党利用手中的权力罢废新法，打击新党。从元丰八年（1085 年）到元祐元年（1086 年），不到一年时间，新法的各项措施基本上被罢废殆尽。随着旧党势力的不断巩固，对新党的排斥和打击也在不断升级。在旧党人物诋毁新党的同时，司马光敦促太皇太后尽快贬黜新党官员。这位敦厚保守的儒家代表人物，竟然也陷入了轻佻的朋党之争，可见轻佻已经在当时的朝廷中形成风气。元祐元年（1086 年）闰二月，在旧党的猛烈攻击下，一些新党官员先后遭到罢黜。旧党在元祐年间完全控制了政局，因此被称为"元祐党人"。

元祐八年（1093 年）九月，高太皇太后去世，17 岁的哲宗亲政。于是新党重新得到重用，他们回朝之后的第一件事就是打击报复，旧党官员几乎全部遭到贬谪。新党还在不断扩大打击的规模和范围，比如章惇接受蔡卞的建议，要对司马光等去世了的旧党领袖"发冢斫棺"，就是挖开坟墓，劈开棺材，相当于"鞭尸"，羞辱性很强。显然新党人物也绝非善类，与旧党是一丘之貉。新党对元祐党人实施的种种手段，使得两党彻底陷入政治报复的恶性循环，彼此之间已经没有妥协和调停的余地。双方互相攻击，根本不在乎是非标准，眼中也没有国家和民众的利益，一切从朋党政治立场和自己在朝廷中的地位出发，没有原则，没有底线，只有朋党利益，这样的争斗使整个朝廷政治变得更加轻佻！

当旧党完全被打压下去之后，新党的势力几乎垄断了朝政，随即新的局面出现，新党内部的矛盾开始显现。比如，曾布在哲宗面前打小报告，说章惇和蔡卞等人结党，排斥异己，其实章惇和蔡卞早已貌合神离。这已经不仅仅是政治上的轻佻，简直是相互揭短、造谣，一地鸡毛！

元符三年（1100 年）正月，哲宗突然病逝，在选择皇位继承人的问题上，宰相章惇与知枢密院事曾布产生意见分歧，二人终于公开决裂。新党的分裂致使他们既失去对朝政的驾驭能力，也失去徽宗皇帝的信任，为蔡京的崛起提供了条件。蔡京很快得到徽宗的重用，言听计从。随后，蔡京开始利用朝中轻佻的朋党之争，达成自己的目的。

崇宁元年（1102 年）九月，蔡京建议皇帝在开封城的端礼门外竖立一方石碑，上面刻着由徽宗皇帝亲笔书写的 120 个人的名字，其中包括司马光、苏轼、程颐和范纯仁等人，由于这些人在元祐年间反对新法，就称他们为"元祐奸党"，此碑称作"元祐党籍碑"。刻在碑上的人，活着的永远不得录用，死了的连带他们的子孙都不许留在京师，不能参加科举考试，出版的书籍一律焚毁。这就是北宋著名的"元祐奸党案"。

可是令人感到奇怪的是，新党领袖章惇的名字也出现在"元祐党籍碑"上，他一直反对元祐党人，怎么也成了"元祐奸党"呢？有人说是因为他曾反对端王即位。可是力挺端王即位的曾布也出现在"元祐党籍碑"上，这又如何解释呢？这说明蔡京就是利用手中的权力将自己过去的、现在的和将来可能出现的政敌一网打尽。

"元祐奸党案"之后，朝廷成了一言堂，徽宗皇帝变得更加轻佻，甚至这一点已经成为蔡京控制皇帝的手段。蔡京对皇帝说："如今国库里有积蓄五千万，足够陛下享乐了！"他甚至还说："天下四海都是陛下的家，太平是最大的娱乐，人一生能活几年，何必辛苦，和自己过不去？"于是徽宗皇帝越来越荒淫奢靡，挥霍无度，沿着轻佻之路不可收拾，政治上更加昏庸无能，朝廷也更加腐败不堪。

通过端王赵佶即位后的表现，我们可以得出这样的结论："端王轻佻"一语实际上是对徽宗一朝的整体评价。垂帘听政的太后玩弄政治，朝廷大臣陷入党争，奸臣蔡京专制独裁。皇帝赵佶只会吃喝玩乐，艺术水平虽然一流，但对治国理政、外交军事一窍不通。皇帝对奇花异石的爱好，成为百姓沉重的负担，直闹得天怒人怨。当社会公权力完全沦为统治阶级的个人私权时，王朝的灭亡只是时间问题。最终，轻佻的端王成为北宋王朝的亡国之君！

10

家本中产的方腊为何起义？

说起方腊，人们对他并不陌生。笔者认为，今天的年轻人，大多是通过小说《水浒传》或影视作品，才知道北宋时期的中国南方，有个农民领袖名叫方腊，他领导农民反抗朝廷，可谓是北宋时期规模最大的一次农民起义。朝廷镇压无果，只好招安了宋江，派他率领梁山好汉去平定方腊。结果方腊义军被灭，梁山好汉也损失过半。

　　现在的人们似乎对方腊的印象并不好，也许是人们同情梁山好汉，也许是因为方腊信仰被称作"妖术"的摩尼教，再加上统治者故意抹黑，使方腊的形象被妖魔化了。那么，方腊究竟是什么样的人，他为什么要发动起义？或者说，历史上的方腊起义真是被梁山好汉剿灭的吗？为了解开这些谜题，还得从方腊的身世说起。

　　据史料的记载，方腊是一个"家有漆林之饶"的中产地主。或许有人会感到不解：一个地主出身的人怎么能领导农民闹起义呢？其实类似的情况在中国古代历史上并不罕见，只不过过去有些人从阶级斗争的角度出发，认为地主领导农民起义，最后再被地主镇压的情况不合逻辑，于是就根据《桂林方氏宗谱》中"有佣人方腊者，其初歇人"的记载断定，方腊实际上出身雇农，使其成为"合格"的农民领袖。可是，这种观点显然站不住脚。

首先，一个赤贫的"佣人"如何能够发动农民起义呢？据史料的记载，在发动起义之前，方腊曾招聚几百人一起杀牛饮酒，他哪来这么大的财力呢？有人说他杀了主人一家四十几口，用的是主人家的钱财。可是这个顺序不对，方腊一个人如何能够杀得了四十几口人，总得先集合起几百个人才行。因此，起事前杀牛饮酒，不是一个雇农能做得到的。

其次，《桂林方氏宗谱》实际上是元代人编写的，距离方腊起义已经过去二百多年，而且编写者使用的基本上是间接资料。再者，家谱是家族内部事务，为了夸耀祖先，提升家族内部的凝聚力，即使编造一二也不会有人质疑。因此以家谱或族谱作为史料，可信度很低。有一年笔者到闽北地区考察家谱和家族情况，在一座赵氏家族的宗祠里看到了他们的族谱。这支赵氏后人于宋亡时从中原逃进福建，子孙后代在福建血脉繁盛，入闽之前的人物谱系就用虚线表示传承，虚线的最顶端是宋太祖赵匡胤。笔者不解地问："此间虚线是怎么回事？"族长回答："因为战乱，族谱散失了。"笔者问："那如何证明始祖是赵匡胤呢？"族长回答："那您又如何证明，始祖不是赵匡胤呢？"笔者无言以对。显然族谱是存在一定编造情形的，既不需要证实也无法证伪。

那么，说方腊是漆园主或者中产地主又有什么依据呢？有大量宋代史料可以证明，其中包括：《独醒杂志》《青溪寇轨》《皇朝编年纲目备要》等。比如，《独醒杂志》记载："方腊家有漆林之饶。"又引方腊的话说："吾家本中产。"①《独醒杂志》的作者曾敏行，他的父亲曾光庭，曾经以幕僚的身份跟随陈亨伯，参加过镇压方腊起义的军事行动，他与方腊是同时代人，对方腊本人有一定的了解。因此，《独醒杂志》中关于方腊事迹的记载是较为可信的。

确定了方腊的出身情况，接下来的问题就是，一个家境富裕的漆园主为什么要率领农民起义呢？这可以通过方腊起义时提出的口号得到答案。

方腊发动起义时，喊的既不是推翻宋朝，也不是笼统地反贪官，而是明确提出"讨伐朱勔"四个字。朱勔是什么人，他有何作为，足以引发一场威震宋朝的农民起义呢？

朱勔这个人的确不是什么好东西，在《宋史》中他被编在《佞幸传》，也算是实至名归。这个大奸臣，本来出身贫贱，一直给人做雇工。其父朱冲，为人狡猾奸诈，因犯罪受过鞭刑。后来，朱冲在苏州开药铺发了财，进而修园种花，结交游客，声名远播，人脉极广。蔡京被贬到杭州时，途经苏州，想在当地修建一座寺阁，需要数万钱，但一时没有着落。朱冲听说后出资赞助，从此得到蔡京的赏识。第二年，蔡京奉诏还京，便把朱冲父子带进京师，并且让童贯给他们伪造军籍，谎报军功，从此这父

①　曾敏行：《独醒杂志》卷七，大象出版社，2019，第249页。

子二人就能在朝中做官了。

蔡京之所以将朱氏父子带进京师，主要是因为徽宗喜欢奇花异石，这正是朱冲父子的特长。蔡京让朱氏父子暗中到浙江中部地区，搜寻奇石异木。朱勔果然不负重托，不久就将三株奇异的黄杨运进宫苑。徽宗一见大喜。趁着皇帝高兴，蔡京就把朱勔引荐给皇帝，为日后朱勔的发迹打下了基础。不久童贯安排朱勔全权负责苏州的"应奉局"，专门为皇宫办理采贡。由于朱勔工作成效显著，博得了徽宗的垂青，将他的官位升迁到合州防御使。朱勔在主持苏州应奉局期间，为了巴结皇上，进一步提升自己的官职，专门搜求奇花异石，然后用船从淮河、汴河运入开封。

当时的苏州百姓家中，只要有好看的花石，朱勔就会率领手下闯入人家园子，在花石上贴上黄封条，表示这件花石就归皇上所有了。主人稍有怨言，立刻被冠以"大不恭罪"，敲诈勒索，逼得百姓卖儿卖女，倾家荡产，朱勔却能借此大发横财。更卑劣的是，朱勔以采办花石为名，从朝廷府库中支取钱财，"每取以数十百万计"[1]；可是，当他从百姓手中采买时，却分文不付，采买用的公款全部落入他自己的腰包。为了搜刮宝物，朱勔甚至掘坟毁屋，贪赃受贿的事情更是不可胜数。

北宋建中靖国年间（1101 年），徽宗为了修建景灵宫，派人到吴郡征集太湖石。"太湖石"又名"窟窿石""假山石"，

---

① 脱脱等：《宋史》卷四百七十，中华书局，1985，第 13684 页。

是石灰岩经长时间侵蚀后慢慢形成的，分水石和干石两种。水石是在河湖中经水波荡涤，历久侵蚀而缓慢形成的；干石则是被地下酸性土壤长期侵蚀后逐渐形成。这类太湖石外表古怪，也有人认为它"相貌奇丑"，却极具装饰效果。喜欢书法、绘画，也喜爱造园的宋徽宗，偏爱这种奇丑的太湖石，用于装饰自家的园林。朱勔接到皇帝的指令便立刻行动，驱使成千上万的山民和石匠四处搜寻，无论山势有多险峻，位置有多偏僻，都强令他们必须采到品质上佳的太湖石。

太湖石的佳品以瘦、漏、透、皱为特点，但其造型极易损坏。为了在搬运过程中不破坏太湖石的造型，当时的人会先用胶泥把石头封住，然后用麻布包裹。这种打包方式虽然避免了磕碰损坏，却给运输造成了极大的困难。为了运载花石，朱勔可以任意调用官船和民船，一度严重影响漕运。宣和五年（1123 年），朱勔搜寻到了一件巨大的太湖石，高达四丈①多，需要巨船运输，仅纤夫就召集了数千名，历经数月才运到开封。这就是《水浒传》中描述的"花石纲"。徽宗见到此石大喜过望，赐名"神运昭功石"，封"磐固侯"。给一块石头封侯，真是荒唐透顶！而朱勔因押运"花石纲"有功，被擢升为威远节度使。

徽宗的宠幸让朱勔有恃无恐，他利用特权之便公开掠夺，成了南方最大的官僚地主，甚至拥有上千人的私人武装。他的财产更是惊人。仅田庄就有十座，良田三十万亩，每年收到的

① 丈：古代度量单位，一丈约为 3.3333 米。

租粮高达十万多石。他搜刮民脂民膏，在苏州营造"同乐园"，其园林之大，湖石之奇，堪称江南第一。朱家的亲戚也跟着鸡犬升天，东南一带的刺史、郡守多出自他的亲族与门下，甚至有"东南小朝廷"之称。毋庸置疑，这一切都是以欺压百姓为前提的，江浙一带的百姓苦不堪言。因此，方腊率众起义时就打出了"讨伐朱勔"的旗号，在当时的东南地区极具号召力。可是朱勔以搜寻花石为名欺压百姓，与方腊这位漆园主有什么关系，他为什么要领兵造反？

原因很简单，朝廷设立的造作局经常残酷地榨取漆园的产品，作为漆园主的方腊心中有怨恨，却又不敢发泄。同时，朝廷搜刮奇花异石的侵扰使得百姓忍无可忍，这就为方腊起义提供了机会。他开始秘密招揽贫穷而又无正当职业的人，通过救济的手段结交他们，并且在他们中宣传摩尼教的教义，暗中积蓄力量。当方腊觉得众人的心已经归附自己时，就下定决心举兵造反。

宣和二年（1120 年）十月初九，方腊假托"得天符牒"，意思是得到上天的旨意，然后宰牛滤酒，召集几百个信徒聚会宴饮，做了一番动员。随后，杀死大地主方有常一家，打出"讨伐朱勔"的旗号，并且提出起义的基本战略："划江而守，轻徭薄赋，以宽民力，四方孰不敛衽来朝；十年之间，终当混一矣。"[1]方腊以帮源洞为据点，自称圣公，建元永乐，设置官吏将帅，

---

[1] 方勺：《清溪寇轨》，大象出版社，2019，第 232 页。

建立农民政权，并以头扎红巾为军队标志。在方腊的号召下，青溪（今浙江省淳安县）周围的农民闻风响应，不到十天就有数万人参加义军。

十一月二十二日，方腊的义军在青溪县的息坑（今浙江省淳安县西），全歼两浙路的常驻官军五千多人，兵马都监察颜坦被杀。随后，乘胜进取青溪县，俘获县尉翁开。十二月初，义军攻克睦州（今浙江省建德市），占据寿昌、分水、桐庐、遂安等县。不久，义军向西攻下歙州（今安徽省歙县），全歼歙州守将郭师中部；然后向东进攻富阳、新城（今杭州市富阳区西南）；占领富阳、新城后，义军直扑两浙路首府杭州。

十二月二十九日，起义军攻入杭州，杀死两浙路制置使陈建、廉访使赵约，知州赵霆逃走。积怨已久的群众在杭州捕杀官吏，挖掘蔡京的祖坟，暴露其祖先骸骨。浙江群众在"讨伐朱勔"的口号感召下，纷纷参加方腊的起义军，各地农民望见义军的旗帜，听见义军的鼓声，便跑来迎接。显然，方腊的起义深得民心。

方腊义军在南方骤然兴起，切断了宋王朝的经济命脉。宋徽宗惊恐万分，他一面撤销了苏杭的造作局，停运花石纲，罢黜朱勔父子兄弟的官职，妄图以此缓解矛盾，瓦解义军斗志；同时又派童贯担任江、淮、荆、浙等路的宣抚使，谭稹任两浙路制置使，调集京畿的禁军和陕西六路蕃、汉兵，共计十五万大军，南下镇压方腊的起义。宣和三年（1121 年）正月，童贯、谭稹分兵两路，由王禀、刘镇等分别率领，向杭州和歙州进发，计划在睦州（宣和三年改名为严州）会合。

面对官军的围剿，方腊派遣方七佛领兵北伐，一举攻下崇德县（今浙江省桐乡市崇福镇），然后进攻秀州（今浙江省嘉兴市），并分兵进入湖州（今浙江省湖州市）境内。这时，王禀率领东路宋军从北向南杀来，方七佛率领义军迎战，结果兵败，退守杭州。与此同时，方腊率义军主力南征，相继攻下婺州（今浙江省金华市）和衢州。义军的另一支部队，北上攻克宣州宁国县（今安徽省宁国市），包围广德军（今安徽省广德市）。至此，方腊起义的声势达到极盛，义军先后攻下了六个州五十二个县，占据的地区包括今天的浙江省全境和安徽、江苏南部、江西东北部，对北宋朝廷形成巨大的威胁。

可是，方腊义军进攻秀州的战役失利，导致杭州失去屏障。宣和三年（1121年）二月，宋军包围杭州，义军经过苦战，但因内无粮草，外无援兵，无法长久支撑，只好退出杭州。随着杭州失守，起义形势急转直下。宣和三年三月初，义军再次进军杭州，未能取胜。宋军将领杨可世、刘镇等部攻陷歙州，王禀部攻陷睦州。宣和三年四月初二，衢州失守，义军将领郑魔王被俘。四月十七日，婺州失守；十九日，王禀部攻陷青溪县。

方腊带领义军退守帮源洞。王禀、刘镇等各路宋军会合，将帮源洞层层包围。四月二十四日，宋军发动总攻。义军腹背受敌，拼死抵抗，七万多人壮烈牺牲。方腊及其妻子、儿子和"丞相"方肥等三十多人被俘，并押往开封。宣和三年八月二十四日，方腊等人被杀，起义宣告失败。

　　读过《水浒传》的人可能会提出疑问,小说中,方腊起义是由宋江率领的梁山好汉镇压剿灭的,那么历史上是否存在宋江其人,他在围剿方腊起义的过程中究竟起到了什么作用?

　　首先,宋江确有其人。据《宋十朝纲要》的记载:"宣和元年十二月,诏招抚山东盗宋江。"① 这是现有史料中关于朝廷招抚宋江的最早记载。

　　"山东盗宋江"是否就是梁山好汉的领头人?《东都事略》记载:"宋江寇京东。蒙上书陈制贼计曰:'宋江以三十六人横行河朔、京东。官军数万无敢抗者,其材必过人。'"② 意思是,宋江进犯京东地区。闲居在家的给事中侯蒙给皇帝上书陈述制敌之策:"宋江只有三十六个人,就可以横行河朔、京东,几万官军,竟然没人敢阻拦,他必定有过人的才能。"此处的"河朔",指黄河以北地区(今山西与河北)。而《宋史》记载:"方腊陷处州,淮南盗宋江等犯淮阳军,遣将讨捕;又犯京东、江北,入楚、海州界,命知州张叔夜招讨之。"③ 显然,宋江不像方腊那样有自己的根据地,而是一会儿在淮南(今安徽省淮南市),一会儿在京东(今河南省商丘市和山东省青州市一带),一会儿在楚州(今江苏省淮安市),一会儿在海州(今江苏省连云港市),到处流窜,属于流寇。最终被张叔夜招降。宋江手下也根本没

---

① 　马蹄疾编:《水浒资料汇编》卷五,中华书局,1980,第 444 页。

② 　王称:《东都事略》卷一百三,清嘉庆三年席氏扫叶山房刻本,第 1467 页。

③ 　脱脱等:《宋史》卷二十二,中华书局,1985,第 407 页。

有一百单八将，只有三十六人而已。

北宋宣和七年（1125 年），梁山泊多次爆发农民起义，但都与宋江无关。不过，在围剿方腊的过程中，宋军将领中的确出现了宋江的名字。据专家考证是同名同姓，他与朝廷试图招降的"山东盗宋江"并不是同一个人。而率领三十六位好汉的宋江，在方腊起义失败之后，被海州知府张叔夜杀了。总之，方腊起义的失败，与同时代的农民领袖宋江，没有任何关系。统治者编造起义军相互厮杀的谎言，无非想证明农民起义不得人心。然而，编造谎言并不能挽救王朝的灭亡。

总之，通过方腊起义我们可以得出这样的结论：封建专制皇权虽然至高无上，却并非不受任何约束力制约，这种约束力就是百姓忍受苦难的底线。在腐败的封建政府残酷压迫之下，百姓一旦忍无可忍，就会揭竿而起。当铤而走险也许有一条生路的时候，造反就成了唯一的选择。

11

宋金之间究竟有无"海上之盟"？

凡对宋史有所了解的朋友都知道，宋与金之间，经过数次磋商，最终达成联合夹击辽国的密约。具体内容有三：第一，金负责攻取辽的中京大定府（今内蒙古自治区宁城县），然后南下；宋负责攻取燕京（今北京），然后北上，两国以古北口关隘为界。第二，打败辽国之后，燕云十六州回归宋朝。第三，宋把每年给辽国的岁币转给金国。由于当时两国之间没有陆地交通，使臣只能往来于渤海之上，因此双方的盟约被称为"海上之盟"。

　　北宋灭亡之后，人们普遍认为，宋朝不该为了收复"燕云十六州"联金灭辽，这样做既打破了与辽国维系一百多年的和平局面，又失去了金与宋之间的战略缓冲区，犯了"唇亡齿寒"之大忌，最终导致北宋灭亡。可是通过深入考察相关史料，冷静审视双方谈判的内容和细节，笔者发现事实并非如此。要明晰这段历史真相，还得从宋朝第一次派使臣到金国说起。

　　政和八年（1118年）闰九月，宋朝使臣马政、呼延庆和高药师等人，率外交使团共八十多人，携带礼物，从登州（今山东省烟台市蓬莱区）港出发，渡过渤海抵达金国。面见金太祖完颜阿骨打和金国的各位大臣时，马政说："回首以往，贵朝在大宋太祖皇帝建隆二年（961 年）就曾派遣使者来卖马，建立了联系。如今我们前来，是听说贵朝攻陷了契丹五十多座城池，我朝皇帝希望与贵朝恢复从前的友好关系。契丹已经天怒人怨，我朝准备起兵征伐，拯救生灵于涂炭，希望能够与贵朝联合，共同讨伐大辽。虽没有国书，朝廷特派遣我率领众位使臣前来商议。若允许，后必有国使来也。"通过马政这番话，我们能了解到，宋金双方初次接触是宋朝方面主动发起的，虽然是官方正式交往的开端，却并未形成正式文书，宋朝使臣只是口头表达了与金建立友好同盟关系，联合对方共同伐辽的意愿。

面对宋朝方面的主动请求，完颜阿骨打与手下大臣"共议数日"，最终决定与宋朝建立友好合作关系，可是态度非常谨慎，将宋朝使团中的六名成员留下做人质，然后派李善庆等人携带国书和礼物，随同马政等人到宋朝还礼。金国方面在国书中向宋朝提出："所请之地，今当与宋夹攻，得者有之。"[①] 意思是，对辽国占有的土地，我们双方共同进攻，谁得到就属于谁。显然，金国在与宋朝交往之初保持着警惕和防范。

第二年正月初十，金国使臣到达宋朝首都东京。宋朝方面对金国使臣热情接待，双方商谈多日。但北宋朝廷犯了两个重大的错误，表现出在外交方面的傲慢与低能。主要有两点：第一，

---

① 脱脱等：《金史》卷二，中华书局，1975，第 30 页。

北宋朝廷给金国使臣授予官职并且给付全薪；第二，北宋朝廷派遣赵有开、马政和王瑰等人再次出访金国，依然带着诏书而不是国书。这两项错误充分表现出北宋朝廷的妄自尊大和对金国的轻蔑态度。

一行人走到登州时，赵有开突然病死。同时北宋朝廷接到河北前线的情报，契丹国将辽东的土地割让给金国，并且封完颜阿骨打为东怀王，谎称金国与契丹常年友好，并将这个假消息到处传播。宋朝方面接到情报后，不辨虚实，信以为真，立刻下诏令马政等人停止前往金国，只派呼延庆持登州牒送金国使臣返回。完颜阿骨打对宋朝轻率的态度非常愤怒，严惩失职的金使，同时对北宋朝廷的出尔反尔表示极度不满，将宋朝使臣扣留。至此，宋金第一次谈判以失败告终。

宣和元年（1119 年）十二月，金国经过反复权衡，决定与宋朝廷恢复谈判，放还宋使臣，令其转达金国方面的意愿："若果欲结好，同共灭辽，请早示国书，若依旧用诏，定难从也。"[1]第二年三月，呼延庆等人回到京师向朝廷汇报金国的态度，宋徽宗和童贯等人商议之后决定：派赵良嗣、王瑰等人再次从登州出使金国，商议双方夹攻契丹、收复燕云之地和岁币等问题。可是这次宋朝使团仍然不带国书，只带着宋徽宗的亲笔信。

宣和二年（1120 年）四月，赵良嗣等人到达金国，与完颜阿骨打及金国大臣反复商谈，在一些问题上达成共识；七月，

---

[1] 黄以周等辑注:《续资治通鉴长编拾补》卷四十，中华书局，2004，第 1264 页。

金国派使节携带国书，随同宋使一同前往宋朝；九月，金国使节到达宋朝首都东京，将国书递交北宋朝廷，正式答复宋朝方面的要求，内容包括以下几点。

第一，关于联合灭辽问题。双方商定，南北夹击，联合灭辽，决不与辽和谈。可是，双方何时出兵，各自负责攻占哪些地方，怎样相互配合，都没有确定。金国在国书中特别申明："若是将来举军，贵朝不为夹攻，不能依得已许为定。"[1] 意思是，金军发起攻击时，若宋军不同时起兵夹攻，原先的承诺无效。

第二，关于收复失地和岁币问题。宋徽宗在给金国的亲笔信中提出：如果允许宋朝收复汉人原有的"燕京并所管州城"[2]，宋朝就把原先每年交给辽国的 50 万银绢转交给金国。因此，金国在国书中答复："虽无国信，谅不妄言。"[3] 可见，是宋徽宗主动提出把原先每年给付辽国的银和绢转交金国，以换取金国的联盟，并支持宋朝收复汉人失地。可是，宋徽宗所谓"燕京并所管州城"究竟是指"燕云十六州"，还是指辽国建制下的燕京路，并没有指明。这样一来，金国在接受岁币的前提下，只答应宋朝收复辽的燕京路，至于其他地区的归属，双方并未达成共识。

---

[1] 黄以周等辑注：《续资治通鉴长编拾补》卷四十一，中华书局，2004，第1280 页。

[2] 同上。

[3] 同上。

第三，关于设置榷场通商的问题。宋金双方都同意设置榷场通商，但榷场设在何处，宋金之间并未达成共识。因为在收复汉人故地的问题上，双方并没有达成共识，那么未来的国界线就不可能划定，所以未来在什么地方设置榷场根本无法确定。换言之，第三项内容基本没有意义。

由于双方没有确定出兵夹攻的具体日期，也没有就疆界问题达成共识，北宋朝廷再次派马政、马扩等官员组成新的使团，于宋宣和二年（1120 年）九月，随金使团一起返回金国，继续进行谈判。宋朝对于这次出使交涉，空前重视，准备了正式的国书，向金国提出两点要求：第一，宋朝十分愿意与金国交好，共同夹击辽国，请金国回示举兵进攻辽西京（今山西省大同市）的日期，"若将来大金兵马不到西京，便是失约，即不能依得今来已定文字也"①；第二，五代时期陷没于辽的汉地汉民必须归于宋朝，否则宋朝不会向金国转交岁币。

金国方面对宋朝提出占有全部汉地汉民的要求非常恼怒，但暂时不想与宋朝决裂，经过一个多月的研究，金国决定派使臣携带国书和宋使团一起返回宋朝。但是，金国方面既没有答复起兵夹击辽国的日期，也拒绝归还所有旧时汉地，甚至说："今若更要西京，只请就便计度收取。"② 意思是，如果想要西京，

---

① 黄以周等辑注：《续资治通鉴长编拾补》卷四十一，中华书局，2004，第1288 页。

② 张金吾编：《金文最》卷五十，中华书局，2020，第 719 页。

自己去收复吧。

可是，当金使到达东京时，宋徽宗的态度却发生了转变，下诏让金使滞留在登州，并且表示："深悔前举，意欲罢结约。"甚至传旨说："大辽已知金人海上往还，难以复如前议，谕曷鲁、大迪乌令归。"① 意思是，辽国已经知道金国通过海上来往与宋朝结盟，因此不能遵守从前的约定，并招宋使还朝。宋徽宗为什么出尔反尔呢？原因很简单：三个多月之前，方腊起义爆发，江浙告急。宋朝从西北向东调动的精锐部队，本来是准备北上夹击辽国的，现在只好南下镇压方腊起义；与此同时，宋金绕道海上密谋的消息被辽国获悉，开始向宋朝施加压力，宋徽宗退缩了。金国使节在登州被扣留了七八十天，非常愤怒，几次要求出馆准备步行进京师。这个时候，有大臣劝徽宗，这样对待金使极不妥当，劝皇帝改变旨意。宋徽宗这才下令，等候童贯南征方腊回来再商议。

金朝使节在东京滞留了三个多月，北宋朝廷给金国方面回复国书将宋使召回，不再派遣使节。宋朝在国书中，首先要求"所有汉地等事，并如初议"②，可是这些初议已经被金国拒绝了；再次要求金国确定金军进攻辽西京的日期，可是这个要求也曾

---

① 黄以周等辑注：《续资治通鉴长编拾补》卷四十三，中华书局，2004，第1333 页。

② 黄以周等辑注：《续资治通鉴长编拾补》卷四十三，中华书局，2004，第1339 页。

经被金国拒绝。宋朝的态度回到了谈判的起点。完颜阿骨打由此认为谈判破裂，宋与金已经绝交，于是准备单独向辽发起进攻。显然宋与金之间围绕联合夹击辽国的计划是谈而未果，议而未决。所谓的"海上之盟"只是双方的意向，根本没有签订盟约。

其实，金国从建立之初就没有停止过针对辽国的战争，到宣和三年（1121年），已经占领辽东部疆域的大部分，并加紧准备向西进军，打算一举消灭辽国。完颜阿骨打在与宋朝谈判破裂之后，很快下令大军出发，向辽展开全面进攻。宣和四年（1122年）正月，金军顺利攻占了辽国的中京（今内蒙古自治区宁城县）。辽天祚帝连夜逃往燕京，后又逃往鸳鸯泊（今河北张北县安固里淖）。金兵紧追不舍，天祚帝又逃亡到西京（今山西省大同市），最后逃入夹山（今内蒙古自治区包头市南大青山）。三月十七日，辽国南京（今北京市西南）留守耶律淳称帝，其政权史称"北辽"，并分别向金国和宋朝派使节称臣求和。金太祖在战线过长、兵力分散和后勤补给困难的情况下主动向宋朝派出使节，表达三个意图：第一，向宋朝通报，展示金军的战果；第二，说明金宋双方各自出兵伐辽，都没有提前约定并通知对方出兵日期，但金朝仍然愿意与宋交好，夹击辽国残部；第三，要求宋朝就夹攻辽国和汉地归属等问题明确表态。

当宋徽宗听说辽国在金国攻击下节节败退时，觉得收复故土的时机到了，决定与金国联手收复全部失地。但是金国不会答应将辽占领的燕云十六州全部归还宋朝，双方在1122年之前，始终未能达成任何正式的协议。宣和四年（1122 年）四月十日，宋朝廷命童贯率十五万大军（号称百万）从东京出发北伐。四月二十三日，到达高阳关；五月，到达前线军事重镇雄州（今河北省雄县）。五月二十六日、二十九日，宋军多次与辽军交战，均战败。

六月三日，宋军退回雄州，一路上被追击的辽军打得大败，损失惨重。六月二十四日，辽国在燕京地区的最高统帅，擅自即皇帝位的耶律淳病死，契丹无主。辽国将军拥戴萧氏为皇太后，主持大计。宋朝见有机可乘，七月二十六日再次调集二十万大军北伐。九月，辽易州（今河北省易县）、涿州（河北省涿州市）先后降宋，萧太后遣使到宋朝和金国奉表称臣，均遭拒绝。十月上旬，宋徽宗下旨，改燕京为燕山府，为燕京地区的八州改赐名称。十月下旬，宋将刘延庆率军进至燕山府西南与辽军对峙。二十四日，郭药师率六千精锐宋军偷袭燕山府城，旋即败回。二十九日，刘延庆不战自溃，辽军追击，宋军损失惨重。貌似庞大的宋军，居然败于残辽之手，宋军的腐败无能暴露无遗，根本不具备独立攻取燕京地区的能力，只能乞求于金国。

宣和四年（1122 年）九月，金国使臣抵达东京。宋徽宗在写给金国的国书中，一方面坚持要求占据所有旧汉地，另一方面又说如果宋军不能"尽收燕地"，就要求金军"依元约夹攻"①。

---

① 黄以周等辑注：《续资治通鉴长编拾补》卷四十五，中华书局，2004，第1382 页。

十月二十六日，宋使与金使一起到奉圣州（今河北省涿鹿县）见完颜阿骨打。金朝君臣对宋不积极夹攻辽国十分不满，并准备自行进攻燕京。即便如此，金国方面依然同意把燕京及其所辖六州归还宋朝，条件是宋朝必须向金朝转输五十万两匹银绢。至于西京地区，金国方面没有明确表态；对平、滦、营三州，金国坚决表示不给宋朝。宣和四年（1122年）十一月二十五日，金使携国书到达东京谈判。宋徽宗在童贯、刘延庆大军第二次伐辽攻燕惨败的情况下，仍然索要全部旧汉地，但金使恪守朝命，只允许有条件地归还燕京及六州，坚决不给平州路和西京地区。

十二月三日，宋使与金使一起持国书北上，面见完颜阿骨打，依然提出占领全部旧汉地的要求。但是早在宋使出发之前的十二月一日，金国已经决定进军燕京。十二月六日，金军就占领了燕京。至此，宋金南北夹攻灭辽的问题已经不存在了，宋朝再想要燕京，就只能花钱赎买。十二月十五日，宋朝使臣携国书到达燕京，再次索要所有旧汉地。金国方面指责宋朝："兵马从无一人一骑，一鼓一旗，一甲一矢，竟不能入燕，已被战退。"[①]但还是决定割让燕地与宋交好；不过提高了条件，除了原来给辽国的岁币之外，还要求宋朝把燕京及其属州的税赋交给金国。

宣和五年（1123年）正月初四，金使李靖携国书到达东京，宋徽宗答应了金使的要求。李靖告辞时，突然跪地要求宋朝增输"去年岁币"，宋徽宗居然也答应了下来。正月二十五，宋

① 张金吾编：《金文最》卷五十，中华书局，2020，第722页。

使臣赵良嗣等到燕京与金国谈判，答应除去年岁币五十万两匹银绢、今后每年五十万两匹银绢之外，每年向金输送燕京及其六州税赋共一百万贯。宋使臣报告宋徽宗，宋徽宗依然全部答应，并派使臣去燕京回复，并讨要西京地区。二月九日，宋使到燕京谈判，金国答应归还西京地区，但必须犒赏征伐西京地区的金军，宋朝也全部答应。在宋金双方交换誓书，建立正式外交关系后，金军退出燕京，宋军终于占领了已经是一座空城的燕京。

鉴于以上史实，我们可以得出以下几个结论：第一，宋与金联合灭辽只是双方的意向，并没有签订实质性的盟约，所谓的"海上之盟"并不存在；第二，金国基本上是独立灭辽的，所谓宋与金联合灭辽导致"唇亡齿寒"的战略失误是个伪命题；第三，在对辽的军事行动中，宋朝充分暴露出政治腐败和军事无能的问题，坚定了金国进一步灭亡宋朝的决心。

12

"靖康之耻"原因何在？

北宋靖康二年（1127 年）四月，金兵攻破宋朝首都东京，宋徽宗和钦宗父子二人成了金兵的俘虏。金国人将赵氏皇族、后宫妃嫔以及朝中大臣等三千多人一同押解北上。金兵北撤之前，将东京城内的国库财富和百姓积蓄劫掠一空，北宋王朝就此灭亡。此难发生在靖康二年，因此史称"靖康之耻"。

从当时的综合国力比较，宋比金强大得多，是何原因造成了这一民族灾难和耻辱？有人说是北宋向来积贫积弱，有人说是重文轻武的政策导致的，有人说因为熙宁变法乱了朝政，也有人说是奸臣当道、君主昏庸，众说纷纭，莫衷一是，似乎成了千古谜团。笔者从金国大军突然南下开始分析"靖康之耻"的原因。

宣和七年（1125 年），金国的虎狼之师，借灭辽之余威，兵分两路向宋朝的领土扑来。西路进攻太原及山西各地，东路进攻燕山（今北京市）及河北各地。西路金军很快攻占了朔州（今山西省朔州市）、代州（今山西省代县）和忻州（今山西省忻州市），然后进攻太原。太原守将王禀率太原军民坚守，将西路金军拦截于城下。东路金军在占领燕山之后继续南下，越过保州（今河北省保定市），进攻中山（今河北省定州市），中山军民奋起抗击，金军一时未能得逞。令人感到奇怪的是，宋与金是联合灭辽的盟友，金兵为什么对盟友发动突然袭击呢？难道金国人背信弃义撕毁盟约，挑起了这场侵略战争？

实际上，挑起这场战争的主要责任在北宋，也就是说，首先撕毁盟约的不是金国而是宋朝。而且宋朝的败盟之举并非一个，而是一系列，比如招纳降金的原辽国守将、平州知州张觉；答应将原来缴付给辽国的岁币转交金国，却又反悔；等等。最关键的是，宋徽宗给平州知州张觉的御笔手诏被金人获取，徽宗在手诏中说："吾当与汝图女真！"[1] 既然双方是盟友，宋朝统治者为什么会做出这一系列的毁约之举呢？

简单地说，就是因为宋朝最高决策集团腐败昏庸。北宋末期的综合国力比较强大，以宋徽宗为代表的北宋最高决策集团颇为自负，因此在 1125 年金兵打到开封之前，他们在与金国的交往中，一直心存轻蔑，看不起人家，视金国为藩属小邦，对待他们的态度就如同花钱买打手，让他们帮忙收复辽国占据的燕云地区。达成契约之后，又不把契约放在眼里，很快连续违约，甚至想要灭掉金国。北宋统治者的这种表现，既表明他们没有自知之明，同时也低估了金国的军事力量。但是，明明金国攻打辽国的时候摧枯拉朽，充分展现了战争能力，宋朝统治者怎

---

[1] 徐梦莘：《三朝北盟会编》卷二十四，清刻本，第 1235 页。

么会低估金国的军力呢?

因为金国在建国初期,无论是人口数量还是经济实力,以及文化水平都与宋朝相差甚远,可以说完全不在一个量级上。全面衡量宋金的综合国力,毫无疑问是宋强金弱。但是金国的战争能力,在当时是一流的。不过,金军攻宋只能逞一时之勇,如果打持久战,金军必败。只要北宋王朝的统治者不犯大错,金国不可能灭掉北宋。

然而实际情况是,金国最高决策集团把本国有限的综合实力和优势发挥到了极致,而以宋徽宗为代表的宋朝决策集团却恰恰把自身的劣势暴露到极致。也就是说,在宋金对抗过程中,宋朝统治者的几乎所有决策都是错误的。

由于宋徽宗等决策集团从骨子里轻视金国,根本不认真对待宋金盟约,才会出尔反尔,不守契约,甚至故意败盟。金国方面当然知道宋朝对自己的轻视,只不过在辽国未灭之时一直隐忍不发。等到灭了辽国,又有了宋朝首先败盟的借口,于是瞅准时机,不计后果地挥兵南下。

金兵攻辽初期往往以少胜多,攻辽后期更加势如破竹、进军神速。可是当金兵南下进攻北宋时,对河北、河东的几个战略重镇却迟迟攻不下来,这说明宋军的综合实力和战斗力并不弱。也许有人会反驳,宋军两次伐辽都大败而归,足以证明宋军根本不堪一击。这就必须说说宋朝军队打败仗的原因了。

两次伐辽失败,种师道和刘延庆等前线主将固然需负很大责任,但罪魁祸首还是宋徽宗。他在战前过于轻敌,未加充分动员与准备就仓促出兵，战争过程中又预设方案，横加干涉，胡乱指挥，可见宋徽宗的轻敌与胡来早有先例。

当金兵直驱开封的时候，宋徽宗依然不把敌人放在眼里，居然不认真设防。以宋朝当时的综合国力，如果最高决策者能够整顿好中枢领导机构，广泛动员民众，重用有智谋的将领进行周密部署，灭辽除金虽然不可能，但是守住北方门户还是绰绰有余的。可是宋徽宗根本没有想到金军这么快就敢大举南下长驱直入，直取开封。他只会吃喝玩乐附庸风雅，艺术水平虽然一流，但是治国理政、外交、军事，完全一窍不通。

辽国末代皇帝腐败昏庸，以致国力大衰，金国频频攻辽，辽国节节败退，亡国之象非常明显。北宋最高决策集团看到这一良机，想借此收复燕云十六州。然而他们对内外情势缺乏足够的了解、认真的研究和准确的判断，既没有清醒地看到自身的优势和劣势，也没有清醒地看到辽国的顽强抵抗能力，更没有清醒地看到金国的国情，在联金攻辽的过程中一错再错。比如，使用地方官牒和御笔手诏而不是用"国书"与金交往，擅自任命金使为官并且发全俸，如此做法就是将金国视为自己的属国。可是，北宋主动提出把送给辽国的"岁币"转赠给金国，似乎根本把握不准两国交往的位置。此外，还有在谈判的关键时候误听谍报，不辨虚实，出尔反尔，轻易断交。等战争爆发，却视战争如儿戏，不认真迎敌，最终导致战败。当金国占领燕云地区之后，北宋决定花费巨资赎买。可是签订契约后，又不想履约。明明双方已经划分疆域，北宋却马上违约，转头就在金国境内招纳降将张觉，还在给张觉的信中说要灭掉金国。明知金军在追捕辽帝，却贸然招纳辽国的天祚帝。既然要灭金国，却根本没做任何切实的准备。水平如此低劣的统治者当政，国家如何不亡？

当与金国交战吃了败仗后，北宋统治集团的态度发生了根本性的变化：由蔑视敌人转向委屈求和，甚至是屈膝投降。在金兵肆意践踏开封城的时候，北宋统治者居然表示："久蒙恩惠，深用感铭。"[1] 意思是，长久蒙受恩惠，深深感激且铭记在心。为了保住自己的性命，皇帝可以答应敌人提出的一切苛刻条件，甚至在给金国的降表中写道："上皇负罪以播迁，微臣捐躯而听命。"[2] 意思是，太上皇已经负罪跟随贵军北上了，小臣在此舍命听从吩咐。这可真是奇耻大辱啊！

对侵略者卑躬屈膝的北宋朝廷，对主张抗战的将帅却极力排斥，对自发组织起来武装抗金的人民更是竭力镇压。比如，北宋朝廷早就视李纲、种师道为眼中钉，开封城第一次被围困的威胁解除后，立刻以年老为由，剥夺了种师道的兵权。几个月后，又把李纲调离京师，以"专主战议，丧师费财"[3] 的罪名将他放逐。其他朝臣只要稍有一点主战的表示，就会马上遭到

---

① 曾枣庄、刘琳主编：《全宋文》第一百九十二册，上海辞书出版社，2006，第40页。

② 黄以周等辑注：《续资治通鉴长编拾补》卷五十八，中华书局，2004，第1832页。

③ 陈均编：《皇朝编年纲目备要》卷第三十，中华书局，2006，第800页。

打击。

在北宋朝廷中占据主导地位的投降派，更是不遗余力地破坏主战力量。宰相耿南仲说："惟主和议故，战守之备皆罢。"①他当政仅几天，就把李纲等主战大臣苦心经营的开封防守设施完全拆除。对于抗金的战役，北宋政府还要蓄意破坏。李纲率领十万兵马与金人战于高平，北宋政府居然指责李纲"尽遣城下兵追敌，恐仓卒无措"②，因此下令将各位将领紧急调回，致使战役功败垂成。

金兵第一次围攻开封城时，全国各地部队纷纷入京师"勤王"，却遭到北宋政府的百般歧视和排斥。以百姓经济困难，无力养活数十万大军为借口，明令数十万援兵全部解散。来到京师地区的勤王兵马，不但没有得到任何犒赏，更没有任何资助，最后饥饿流离，困厄道路，体弱者填尸沟壑，强大者沦为盗贼，声势浩大的抗金武装就这样被朝廷瓦解。

面对朝廷的不抵抗甚至力主投降的政策，京城内的太学生们起来抗议。对待手无寸铁的儒生，北宋政府的手段极其残忍。当这些爱国的太学生赴阙上书，要求抗金时，北宋朝廷先是进行各种恫吓，然后派人逮捕数百名学生，为掩人耳目，竟然将被捕者都杀害了。为了防止太学生进一步反抗，北宋朝廷还使用特务手段，派人严密监视太学生的言行，以防他们有任何异动。

---

① 脱脱等：《宋史》卷三百五十二，中华书局，1985，第11131页。
② 脱脱等：《宋史》卷三百五十八，中华书局，1985，第11245页。

　　面对自发组织起来的抗金人民武装，北宋统治集团更是予以坚决镇压。开封城第二次被围时，宋钦宗赵桓亲自去敌营谈判，由于意见不一，致使谣言四起。有人恳请加强军备以应对敌军，朝廷不同意。民间有人自发组织武装队伍，可朝廷怕民众多生事端，破坏和谈，将十七名所谓"造谣者"斩首示众。即便当时抗金的力量十分强大，人民斗争的积极性空前高涨，但在北宋朝廷坚持投降的情况下，抗金力量始终不能积极地发挥作用，终于导致了"靖康之耻"的发生。

　　北宋政府为什么采取对外投降，对内镇压的政策？这是一个值得追问的问题。笔者分析，有以下几个原因。

　　第一，北宋时期，社会内部的阶级矛盾非常尖锐。北宋末年爆发了方腊和宋江的起义，尤其方腊起义是整个宋代规模最大的一次农民起义。农民起义的直接原因就是腐败政治对百姓的残酷剥削和压榨，激化了社会和阶级矛盾。即使在"靖康之变"的前夕，百姓反抗暴政的斗争仍时有爆发。例如，靖康元年（1126年），蔡京住宅突然起火，他家的房屋被焚烧一空，而"民居邻屋无犯"。显然这一场火是人民因痛恨蔡京而故意为之的。

　　第二，由于阶级矛盾尖锐，北宋统治者特别惧怕人民武装。当金兵南下形势发生根本变化，民族矛盾超过了阶级矛盾而成为社会主要矛盾时，广大民众以民族大局为重，转而支持北宋朝廷，许多农民起义武装都举起抗金大旗，转化为抗金的坚强力量，并在第一次开封保卫战中挽救北宋王朝于危亡。可是北宋统治集团却认为自发组织起来抗金的人民武装"遂假勤王之名，公为聚寇之患"。[①]他们宁愿向敌人屈膝称臣，也不愿丝毫放松对人民的控制，他们唯恐人民武装起来、组织起来。在他们看来，自己统治的人民是动摇统治的最可怕因素。

第三，北宋统治集团一直对外族入侵者抱有幻想，希望用屈膝投降来换得苟安，用出卖民族利益来保持统治集团的利益，因此把人民的抗金斗争看成投降政策的障碍。当河东河北人民坚守不降时，宋朝政府居然下达诏令："汝之忠勤，反为宗社之祸，岂如早烧毁楼橹，开门出降！"[②]

第四，北宋统治者对主战派十分防惧，唯恐坏了其投降政策。投降派攻击李纲等人："今不治，他日必有握兵之臣，胁制天子，武夫悍卒戕害将帅，县杀其令丞，郡杀其守尉，以众暴寡，必自兹矣。"[③]这显然是宋朝重文轻武国策的极端展现，都要亡国了，还在担心武将会威胁到帝位。同时，主战派对待人民的态度与投降派完全不同，这也是他们遭到投降派忌惮的一个重要原因。李纲就在《论治盗贼》一文中写过："盗贼乃吾之赤子，所以事农桑者也，上下之相治，室家之相保，皆以农桑为本。至于散而为盗贼，则必失于拊循，而外为奸民之所胁，内为饥寒之所

---

① 李心传：《建炎以来系年要录》卷十二，中华书局，1988，第 274 页。

② 丁特起：《靖康纪闻》，大象出版社，2019，第 40 页。

③ 曾枣庄、刘琳主编：《全宋文》第一百五十八册，上海辞书出版社，2006，第 467 页。

迫而致然也。"[①] 基于这种观点,他主张联合人民的力量一致抗敌,自然赢得了人民的爱戴。但这也让北宋政府对主战派更加疑惧,视之为眼中钉,多方打击陷害。李纲几次被贬,种师道被借故罢免,宗泽一直不受重用,陈东最终被杀,都出于同一个原因:他们深受百姓爱戴。

通过"靖康之耻"的成因分析,我们可以得出这样的结论:北宋王朝在政治上彻底腐败,社会公权力完成沦为统治者的个人私权,统治者只考虑自身的利益,因此在重大战略问题上不可能做出正确决策。江山是人民的,统治者将其据为己有,因此统治者特别惧怕人民;惧怕人民者,必然谄媚外敌,因为他们的本质相同,都是强盗。对外谄媚,对内残酷,是与人民为敌的统治者的共性。

---

① 曾枣庄、刘琳主编:《全宋文》第一百七十二册,上海辞书出版社,2006,第148页。

13

谁是"靖康之耻"的最大受益者？

靖康二年（1127年），徽钦二帝成了金兵的俘虏，与皇室宗亲、妃嫔宫女以及朝廷大臣等几千人一起被押往金国，北宋就此灭亡。在这场天崩地坼的灾难中，赵构成了最大的受益者。他于靖康二年（1127年）五月初一，在南京（今河南商丘市）即皇帝位，改元建炎，开启了他为期三十六年的皇帝生涯。当时赵构还不到二十岁，面对混乱不堪的战争局势和动荡不已的社会环境，他是如何躲过杀身和被俘之祸，成功上位为南宋王朝的开国之君呢？这还得从他以亲王的身份到金军大营当人质的时候说起。

　　北宋宣和七年（1125年）十月，金国发动对宋朝的战争。第二年正月，金军包围了北宋首都东京。兵临城下之际，为解东京之围，北宋朝廷以犒军为名，赠给金军黄金五百万两，白银五千万两，缎一百万匹，马一万匹，并且答应割让中山、河间（今河北省河间市）和太原（今山西省太原市）三镇，确认金宋之间为伯侄关系。金国方面怕北宋朝廷不守信用，提出送亲王和宰相各一人到金军大营作为人质，并且指名道姓要让郓王赵楷前往。要知道，徽宗有 25 个儿子，其中有 16 个封了亲王，金国方面为何偏偏选中了郓王赵楷当人质呢？

显然金国人很了解宋朝皇帝的家事。郓王赵楷排行老三，他的大哥赵桓是太子，也就是后来即位的钦宗；二哥衮王赵柽早夭，而作为老三的郓王赵楷不仅最受父皇宠爱，甚至一度威胁到了长兄赵桓的太子之位。靖康元年（1126 年）金人初次南侵，徽宗皇帝主动逊位，让太子赵桓即位为皇帝，因此在目前的所有亲王中，以郓王赵楷的地位最为尊贵。金国人点名要郓王赵楷为人质，就是为了增加对宋王朝的要挟力度。

北宋朝廷答应了金人的前两个条件，对于第三个条件，无论如何也不愿意照办。钦宗打算在其他亲王中另选一人，因此"召集诸王"，问道："谁肯为朕行？"这时，康王赵构"越次而进"，就是越过前排几位兄长来到皇帝面前，请求前往金军大营当人质，这一年赵构年仅十八岁。当时有人称赞赵构："英明神武，勇而敢为，有艺祖之风。"[1] 也就是有太祖赵匡胤的风范。

钦宗欣然同意康王赵构的自荐。临行前，康王赵构低声对皇帝说："朝廷若有便宜，勿以一亲王为念。"[2] 这句话的意思是，朝廷可以灵活处理问题，不要因为顾忌我的安危而影响决策。可以想见，当时的赵构完全是一副大义凛然的样子。当他

---

[1]　丁傅靖辑：《宋人轶事汇编》卷三，中华书局，2003，第 72 页。

[2]　同上。

发现副使张邦昌正在流泪，便说："此男子事，相公不可如此。"[1]
张邦昌便惭愧地止住眼泪。

可是赵构的这些表现，实在与他当皇帝之后一味屈辱求和
的行为相悖，令人难以相信这是同一个人。因此，人们不禁产
生怀疑：康王赵构也曾如此英勇无畏吗？

其实，赵构根本没有"越次而进"的慷慨之举。为什么呢？
因为当时在场的亲王只有他和肃王两个人。原来当金兵发动进
攻时，除了康王和肃王没来得及撤退之外，其他皇子早就和徽
宗一起逃到南方去了。因此，钦宗不可能"召集诸王"，赵构
也不可能"越次而进"，也就是说，所谓的慷慨请行大概率是
虚构的。

那么，在只有两个人选的时候，赵构会主动请缨吗？似乎
也不太可能。因为赵构根本不是英勇无畏之人。金军初次南下
包围开封之前，赵构就劝钦宗："少避其锋，以保万全。"[2]当
金兵抵达开封城下准备攻城时，钦宗和满朝文武都不知如何是
好，赵构就对皇帝说："独有增币讲好。"[3]显然，赵构的应敌
之策无外乎退避保身和增币乞和，说白了就是"逃跑"和"花
钱求和"。只能提出这种建议的人，怎么可能"越次而进"，
毅然请行去当人质呢？至于钦宗为什么不选肃王赵枢，而选择

---

[1]　丁傅靖辑：《宋人轶事汇编》卷三，中华书局，2003，第72页。

[2]　毕沅：《续资治通鉴》卷第一百九，中华书局，1957，第2873页。

[3]　曹勋：《松隐集》卷二十九，民国嘉业堂丛书本，第346页。

赵构，只要将两者比较一下就明白了。

从兄弟的排行来看，赵枢排行第五，赵构排行第九，肃王应当比康王尊贵。从嫡庶亲疏的关系比较，二人虽然同为庶出，但肃王的生母王贵妃深受徽宗宠爱，在宫中地位甚高；康王的生母韦氏则出身贫寒，地位卑微，生了赵构之后才被封为婉容。因此，钦宗会选择出身较差的康王赵构。然而，赵构刚到金军大营不久，金国人就要求退换人质，因为金国人怀疑赵构根本不是亲王。

说来人们可能不信，金人怀疑的原因居然是赵构有一身的高强武艺。赵构到达金军大营几个月后，一天与金朝皇族一起射箭，连发三箭，竟然箭箭射中靶心。金国人见他身手这么好，觉得他肯定是将门之后，不可能是生长在深宫里的皇子。还有一次，赵构到金军大营见金国太子，后来金国太子对身边的人说："此人的气质和相貌非同一般，要是把他留在黄河以北，恐怕将来会成为当地宋人的领袖。还是换一个人来当人质吧。"甚至有史料记载，赵构在金军大营做人质时，金国人见了他就感到害怕，因此要求改换人质。

笔者认为，赵构武艺高强这一记载还算成立，因为他自幼习武，能"挽弓至一石五斗"[1]，超过当时武学上舍生（也就是上等生）一石三斗的标准。但金人害怕赵构而要求更换人质的说法很难成立。因为宋朝在军事上处于劣势，金军已经兵临城下，

---

① 脱脱等：《宋史》卷二十四，中华书局，1985，第 439 页。

时刻准备攻城，双方实力悬殊，开封城朝不保夕，战场的主动权完全掌握在金国人手里。无论赵构如何英勇神武，作为人质的他根本改变不了任人宰割的命运，金国人怎么可能会怕他。

金国人要求更换人质，源于赵构在金军大营充当人质期间发生的一件事，当时宋军居然偷袭了金军大营。金国元帅致信北宋朝廷，质问为什么在和谈期间劫营，北宋朝廷坚决否认，给出的理由是："朝廷专门派宰相和亲王到你们军中为人质，又派执政大臣作为使者一起前往，如此重要的人物都在你们军营中，我们怎么可能不顾这些人的生命，不顾及君臣之义和骨肉之情，偷袭你们的军营呢？"

金国人根本不相信这种解释，指责宋朝方面"虽以康王、少宰为质，决是无敢（所）顾惜，辄敢有此侵犯"[①]。金人的理解是，赵构并非亲王，所以宋朝方面肆无忌惮，才会做出偷袭的举动。因此他们提出要皇叔越王赵偲与赵构交换。越王赵偲可是钦宗的亲叔叔，不可能派去当人质，只好派肃王赵枢替换赵构。同时请求金方：肃王到达时，立刻放还康王。既然金国人认为赵构不是亲王，当然不会留他，肃王一到，赵构就被金国人放还。如果不是因为赵构武艺好，又不受本国朝廷重视，金国人也不会怀疑赵构的亲王身份，那么赵构就会作为人质，与他的父兄一样被押往金国，也就没有以后登上皇位的事，更没有后来的南宋了。

---

① 张金吾编：《金文最》卷五十一，中华书局，2020，第 748 页。

　　然而，历史只有结果没有如果。宋朝方面对兵临城下被迫签订的城下之盟心存不甘，一旦金兵退去，各路勤王之师齐聚京师，北宋朝廷立刻对割让三镇的举动后悔。于是，重新起用被革职的宰相李纲。主战派当权后，将逃往南方的徽宗迎回京都，而且无意履行盟约，拒绝割让三镇。靖康元年（1126 年）八月，金国以宋朝违约为由，再次兵分两路南下。太原城被攻克，两路金军迅速向南推进。面对金国的军事压力，宋钦宗只好再将李纲贬谪，并于十月又一次派赵构作为使臣，到河北的金军大营求和。因副使王云拖延，直到十一月十六日，赵构才离开开封，但是他延续了好运，再次逃脱了被俘的命运。

　　十一月十七日，金国使臣到达开封，向北宋朝廷提出要求："以黄河为界，割让黄河以北的河东与河北之地。"对此一概不知的赵构，十一月二十日到达黄河边的磁州（今河北省磁县），知州宗泽对赵构说："肃王已经一去不返，大王再往金营何益？不如留在磁州。"赵构觉得磁州不安全，不愿采纳宗泽的建议。然而，有人怀疑王云坚持要将赵构带到金营，便杀了王云。不久，赵构在知相州汪伯彦的邀请下，从磁州退到相州（今河南省安阳市）。汪伯彦亲自率领军队在黄河岸边迎接，赵构大为感动，遂"以所部千人抵相州"[1]。赵构到达相州后，开始公开招募军队，建立自己的武装，并且将汪伯彦倚为心腹，对他言听计从。

　　十一月二十五日，东路金军到达开封城下。闰十一月初二，

---

① 李心传：《建炎以来系年要录》卷一，中华书局，1988，第 18 页。

西路金军也进抵开封，钦宗一面授李纲资政殿大学士领开封府事的职务，命他率领勤王之师前往救援，同时又派人缒城而出，带着皇帝的亲笔蜡诏来到相州，拜康王赵构为"河北兵马大元帅"，知中山府陈亨伯为元帅，汪伯彦、宗泽为副元帅，要求他们从速领兵进京保卫皇上，可赵构却按兵不动，一心作壁上观。闰十一月二十五日，开封城被金兵攻破，徽钦二帝和朝廷百官都被金国人控制。

十二月初一，赵构在相州开大元帅府，广招兵马，人数很快达到一万多。钦宗再次派人带蜡书来到相州，要求赵构尽发河北之兵救援。可是赵构却领兵向东，来到大名府（今河北大名县），此时各路勤王的宋军纷纷前来会师。宗泽率两千士兵首先到达，并提议率军队直接开往黄河要津澶渊，截断金军的退路，以解东京之围。此举虽然高明，却被赵构和汪伯彦拒绝了。因为赵构只求自保，惧怕与金兵交战。他们在大名一带徘徊了几天，就退入山东境内。为了掩护自己逃跑，赵构命令宗泽进驻澶渊，制造自己还在澶渊的假象，吸引金军的注意，从此赵构将主战派人物宗泽排挤出其军事领导集团的中枢。

靖康二年（1127年）正月初三，赵构到达山东东平（今山东省东平县），高阳关路安抚使黄潜善率领几千人马前来会合。黄潜善与汪伯彦一样，也是力主向金人妥协的投降派，他们两人从此成了赵构的心腹。二月二十三日，赵构一行退到济州（今山东省济宁市），各路宋军和义军相继前来投奔，其中有东道副总管朱胜非、宣抚司统制官韩世忠、侍卫马军都虞候刘光世等文武官员。此时大元帅府的军队号称百万，驻守在济州和濮州（今山东鄄城及河南濮阳南部）等地，直接受赵构统率的部队已经达到八万余人。

金军在取得军事胜利之后，要求宋朝割让领土并成为金国的属国，宋朝方面表示接受，割让河东、河北之地。可是当地的守臣却不肯放弃，决心拼死坚守。此举激怒了金国人，随即改变对宋朝的政策，要废掉赵宋王朝，改立异姓，扶植金国的代理人。因此，金国人废了徽钦二帝，逮捕宋朝皇室成员。靖康二年（1127 年）三月，被废的徽钦二帝和皇室成员及一些朝廷大臣，乘着几百辆牛车被押往金国，北宋灭亡。在被押往金国的皇室成员中就有赵构的母亲韦氏、妻子邢秉懿和他的几个女儿。

靖康二年（1127 年）三月初七，金国人立张邦昌为帝，国号"大楚"，史称"伪楚"。三月二十七日，赵构得知父兄和家人被俘北去，以及金国人另立张邦昌为大楚皇帝的消息，先是痛哭流涕，继而不知所措，在汪伯彦和黄潜善的教唆之下，不仅按兵不动，继续作壁上观，而且时刻准备逃到长江以南去。只是由于所率军队将士的坚决反对，唯有暂时在山东境内驻防。

金军撤退后，失去军事支持的伪楚皇帝张邦昌知道自己得不到支持，于是主动退位，拥立宋朝皇室成员为新皇帝。此时幸免于难的宋朝皇室成员只有两个人：一个是康王赵构；一个是哲宗的皇后孟氏，因为被废为尼，因此得以幸免。张邦昌打算迎立康王赵构为帝，于是首先迎来废后孟氏，先称她为"宋太后"，不久又改称"元祐皇后"。

四月初八，张邦昌派人将"大宋受命之宝"，也就是宋朝皇帝的大印，送到济州，赵构"恸哭跪受"，但是担心张邦昌有诈，不肯回开封。四月十一日，元祐皇后在张邦昌的敦请之下垂帘听政，张邦昌退居左相职位。四月十五日，以元祐皇后的名义昭告天下，命赵构"嗣宋朝之大统"。三天之后，元祐皇后的手书送到济州，随后百官劝进，赵构必定是故作姿态地拒绝了一番。

四月二十一日，赵构离开济州继续向南退，于二十四日到达南京应天府（今河南省商丘市）。第二天，张邦昌来到应天府，向康王表示"待罪"。五月初一，赵构在应天府登坛祭天，然后在府衙正厅即皇帝位，改靖康二年为建炎元年（1127 年），尊钦宗为孝慈渊圣皇帝，元祐皇后为隆祐太后，太后撤帘归政。从此，南宋王朝拉开了帷幕。

梳理了康王赵构即皇帝位的过程，我们可以得出这样的结论：赵构在更换人质与出使金军大营的过程中侥幸逃生，民族灾难与王朝灭亡为赵构提供了积蓄兵马绝佳的机会，国家政权处于真空状态使他乘虚而入，获取最高权力。这种侥幸与偶然得来的皇位不具备充分的合法性，因此当了皇帝的赵构严重缺乏自信。赵构即位之后，他将自己的全部精力用在一个目的上，无论是战还是和，无论是守还是逃，都必须争取金朝的承认，保住皇帝的位子，并为此不惜任何代价。

14

秦桧为何南归？

秦桧是中国历史上著名的大奸臣，几百年来，人们一直怀疑他是金国派来的奸细，却没有任何证据可以证实。但如果说秦桧不是金国的奸细，那他作为金人的俘虏，又如何能带着全家人，从金国的上京（今黑龙江省哈尔滨市阿城区），跨越将近四千八百华里的路程，平安到达高宗皇帝当时所在的越州（今浙江省绍兴市）呢？想知道秦桧为何能成功南归，还得从金兵南下进攻宋朝的时候说起。

靖康元年（1126年）正月初三，金兵在连克黄河以北各州之后，开始筹划抢渡黄河，进攻宋朝首都东京。同时派使臣给宋朝皇帝传话：要求割让太原、中山、河间三镇，并让宰相和亲王到金营中做人质。宋钦宗下旨，要求朝廷官员出谋划策，应对眼前困境。时任太学正的秦桧给皇帝上书："不宜示怯，以自蹙削。"[1] 有人据此称秦桧是"主战派"，可是仔细阅读过秦

---

[1] 曾枣庄、刘琳主编：《全宋文》第一百八十二册，上海辞书出版社，2006，第5页。

桧上书（没有官职的臣民向皇帝递交文书称为上书，朝廷官员向皇帝递交文书则称作上疏）的全部内容，就会发现他的观点是自相矛盾的，他根本没有自己的原则和立场。比如，既主战，又不反对和谈；既反对割让土地，却不反对割让燕州路；反对签城下之盟，又主张该给的就应该给人家，而且要信守约定。秦桧的态度为什么表现得如此模棱两可？笔者认为：他一方面希望对主战主和两派都不得罪，另一方面是在试探新任皇帝的真实意图。

秦桧的上书果真对了新皇帝的胃口，不久朝廷任命他为职方司员外郎，作为张邦昌的下属参加康王赵构为正使、张邦昌为副使的和谈使团。秦桧上书说："是行专为割地，与臣初议矛盾，失臣本心。"① 因此，连上三道奏章坚辞，朝廷只好接受秦桧的请求。表面上看，秦桧是在坚持自己的观点，其实，他并不反对割地，只是不愿意到金营当人质。

当朝廷派他以礼部侍郎的身份赴河间，办理割地事宜时，他不再推辞。朝廷同时派出另外两位大臣，分别到太原和中山处理割地事宜，金人随后退兵，开封解除危机。金兵一退，钦宗就后悔了，立刻改变主意，将主张割地的官员罢免，同时下诏，命令种师道等人率兵驰援三镇，"保塞陵寝所在，誓当固守"②。秦桧只好从燕州路返回。到达开封不久，朝廷提拔他为监察御史。

---

① 脱脱等：《宋史》卷四百七十三，中华书局，1985，第 13747 页。

② 脱脱等：《宋史》卷二十三，中华书局，1985，第 426 页。

六月末，又任命秦桧为左司谏。

北宋朝廷出尔反尔，招来了金军第二次南下进攻。面对金军的压力，钦宗组织群臣投票决定是否割让三镇。在场一百多名官员，七十人投票赞同，三十六人投票反对，其中包括秦桧。结果少数服从多数，皇帝答应将三镇割让给金国。可是持反对意见的秦桧竟被提拔为御史中丞，当上了御史台的主官。一个原来在国子监管学生纪律的九品太学正，不到一年就成了三品御史中丞，这种升官速度在整个宋朝来说恐怕也绝无仅有。有人说，这位机会主义者终于抓住了机会。可这个机会来得真不是时候。

靖康元年（1126 年）闰十一月，金国两路大军围困开封。一路屯青城（在开封城南），一路屯刘家寺（在开封城东北）。靖康二年（1127 年）正月初十，钦宗亲自到金营谈判，被金人扣押，宋朝父子两代皇帝都成了俘虏，并被废为庶人。二月初六，金军元帅下令，推举一位异姓担任皇帝。朝廷百官一致推举太宰张邦昌，唯独秦桧上书金国元帅，表示坚决反对，并且"乞立赵氏，以慰民心"①，结果被金国元帅否定，秦桧就以有病为由要求致仕，也就是退休，这一年秦桧才 38 岁，他因此被捕，被押入了青城的金营。秦桧一反此前模棱两可的态度，表现得如此大义凛然，不禁令人心生疑窦，笔者进一步仔细阅读史料，果真发现一些问题。

---

① 王若冲：《北狩行录》，大象出版社，2019，第 145 页。

王明清的《挥麈余话》记载，给金国元帅的上书是官员联名的，发起人和起草人都是监察御史马伸。马伸发起上书时，秦桧一声不吭。上书写好之后让秦桧签名，秦桧犹豫不决。因为秦桧的官衔品级最高，必须第一个签名，在众人的一再要求之下，他无可奈何，只好签名，却被金国人误以为是发起人。秦桧此时想退休，金人怎么可能答应，便立刻将他逮捕下狱。

靖康二年（1127 年）四月初一，秦桧一家与徽钦二帝等人一起，从青城出发，被押往金国。四月十日，一行人到达巩县（今河南省巩义市），准备第二天北渡黄河。当天晚上，金枢密院事张叔夜自缢而亡。

五月初一，康王赵构在南京应天府即位，改元"建炎"，是为宋高宗。为表彰张叔夜和秦桧的忠心，皇帝赵构遥拜张叔夜为观文殿大学士、醴泉观使；遥授秦桧落致仕，就是停止退休，充资政殿学士、提举醴泉观，以示高宗对二人的敬重。显然赵构也将秦桧当成了"乞立赵氏"的带头人。

建炎二年（1128 年）六月，宋徽宗在金国的中京（今北京市）听说康王赵构即位的消息，于是写信给金国元帅粘罕，建议他与新建立的南宋朝廷议和。徽宗将他起草的信交给秦桧润色，秦桧一边读一边呜咽不止。他哭什么？是哭王朝灭亡，哭江山沦丧，哭皇帝被俘？笔者认为，他是在后悔自己曾经的那道上书，当时取悦了皇帝，让他在一年之内由九品官升至三品，谁知官阶高了，反倒让他沦为了阶下囚。若他还是一个九品文官，金兵不会理他。现在徽宗把求和信交给他润色，他觉得机会又来了，于是竭尽全部知识和才华，鼓吹议和的好处。当秦桧将润色完的信交给粘罕，粘罕读后大喜，赐给秦桧钱万贯、绢万匹。从此，秦桧由模棱两可不表态，转变为态度明确的投降派。显然，这个机会主义者从来没有自己的原则和立场，环境和压力决定了他的态度。

建炎二年（1128 年）七月，徽钦二帝等一行人到达金国上京，然后转到韩州（今辽宁省昌图县）。秦桧在金国上京见到金太宗，金国皇帝很欣赏秦桧，将他赐给弟弟左监军完颜昌听用。完颜昌让秦桧担任"任用"，就是执事，秦桧自此投降金国，开始为其办事。相比之下，在被押往金国的宋朝大臣中，金书枢密院事张叔夜在渡黄河之前自缢而亡，尚书右仆射兼中书侍郎何㮚，在到达韩州之后绝食而亡，太子傅孙傅至死不降，其他北上的宋朝官员被流放到广宁府（今辽宁省北镇市），他们都保留了最后的气节，唯独秦桧投降金国成了叛徒。

建炎三年（1129 年）六月二十八日，完颜昌率大军再度南下，进攻南宋，秦桧以任用的身份随军前往。七月九日，大军到达潍州（今山东省潍坊市）。十二月，金军进攻楚州（今江苏省淮安市），四十几天攻不下楚州城。只好退守孙村浦，秦桧写劝降信送到楚州城内，被城内守将拒绝。负责楚州防务的是行伍出身的将领赵立，在粮尽援绝的情况下，他依然率领全城军民奋勇抵抗。战斗最惨烈的时刻，城中的野草、树皮都被吃光，而城外的金兵却越来越多，金兵把所有的攻城器具都用上了，楚州军民伤亡惨重，金兵也付出了极高的代价。由于赵立指挥守城时，身先士卒，在一次战斗中不幸被石砲（抛石机）砸中，重伤而亡，失去统帅的楚州城最终被金兵攻破。即便如此，楚州军民与金兵打起了巷战，楚州城陷落之前，一部分军民杀出重围。经过这场残酷的攻城战，完颜昌认识到宋人的顽强和勇敢，他认为消灭南宋是不可能的，从此成为主和派。

建炎四年（1130 年）十月，楚州城破不久，秦桧带着妻子王氏、婢女和仆人离开孙村浦的金军大营，逃进宋朝涟水军丁禩的水寨，然后航海南归，于十一月抵达越州（今浙江省绍兴市）。秦桧如何带着一大家子人逃出金军大营，这是证明秦桧是不是金国奸细的关键问题。不过，关于秦桧南归的经过，各种史料的记载并不一样，我们先听听秦桧是怎么说的。

秦桧在《北征纪实》中描述，楚州城被攻破的那天夜里，他趁众人争夺财产之际，想骑马向西逃。但听说金人事先派人在城中潜伏，专门抓捕逃亡者，他只好放弃。第二天，他找到一艘船，决定走水路，于是花了一天一夜的时间，将船挪进城。然而两天过去也没有找到船夫，只好找郎中张炳商量。此人医术很高，在军营中有很多熟人。没想到张郎中也想要一起南归，张郎中一听此事，立刻亲自去找水手，许诺了一大笔钱，水手答应当晚就行动，拼死也要把他们送出楚州城。当天晚上，一行人登舟离开楚州城。

陆游在《老学庵笔记》中却有不同的描述：秦桧在山东时准备南逃，船已经准备好，只是担心身边有人告发，迟迟不敢动身。有一天，他遇到一位关系较好且为人忠厚的金国人，秦桧就将实情告诉对方。那人问秦桧："为什么不告知监军一声呢？"秦桧回答："不敢。"那人说："我们国家的人都很讲信誉，肩负责任，死而无憾。即使叛逃有好处，且能得到宽恕，也绝不会叛逃。"秦桧听了这话，就将自己的意图告诉完颜昌。完颜昌说："中丞果真要南归吗？当年契丹人也有逃归者，大多数人都被自己人怀疑，你怎么知道南归之后，南人还相信你是忠臣呢？你要是非走不可，不必顾及我的想法。"秦桧说："您如果说话算话，就不必管我南归之后究竟是福是祸了。"完颜昌便同意让秦桧离开。

《大金国志》的记载又有不同说法："归秦桧于宋，用粘罕计也。"① 意思是，将秦桧放归宋朝是粘罕的计谋。完颜昌南下进攻南宋，让秦桧当参谋，秦桧打着催促钱粮的旗号，带着全家人乘船抵达涟水军，自称杀了监视自己的金兵乘船而逃。可是全家人乘船，连婢女和仆人都一起逃出，任谁都猜得到秦桧不可能是自己逃离金营的。

《宋史》却对这说法表示怀疑："就令从军挞懒，金人纵之，必质妻属，安得与王氏偕？"② 意思是，即使秦桧投靠完颜昌，金国人故意将他放回，必定将其家属扣押当人质，怎么可能让秦桧带着妻子王氏一起回到南宋呢？

对于这个问题，《三朝北盟会编》的解释是：秦桧当初因

① 宇文懋昭：《大金国志校证》卷之六，中华书局，1986，第 104 页。
② 脱脱等：《宋史》卷四百七十三，中华书局，1985，第 13749 页。

为不愿意拥立张邦昌为帝，被金人押解去金国，妻子王氏与之同行，随行的还有仆人砚童、婢女兴儿、御史卫司翁顺等人。到达金国时，金太宗敬重秦桧不畏强权，拒绝拥立异姓皇帝的气节，他弟弟完颜昌同样敬重秦桧并且非常信任他。几年之后，金太宗命完颜昌率军南下攻宋，完颜昌令秦桧同行。秦桧就与妻子王氏密谋，到燕山府（今北京市）时将王氏留下，秦桧自己独自随军南下。夫妻二人于是故意表演吵架，王氏说："我父亲把我嫁给你时，有家产二十万贯，就是让你我同甘共苦，好好过日子。如今大金国让你当任用，你居然要在半路上抛弃我？"夫妻二人故意大声争吵，住在隔壁的完颜昌老婆一车婆听见吵架声，来到秦桧家问缘由。王氏将秦桧要独自南下的计划告诉一车婆。一车婆说："不必顾虑，大金国法令允许家属同行。如今皇上的弟弟是监军，还带着家属在军中，秦任用怎么能将家属留下不同行呢？"于是一车婆将秦桧夫妻吵架的缘由告诉完颜昌，完颜昌允许王氏同行，就这样秦桧带着一家人随大军上路。秦桧在军中担任转运，就是负责后勤补给，到楚州后，一家人随军进驻孙村浦。楚州城陷，驻在孙村浦的金兵争相入城，秦桧密约艄公孙静在淮河岸边等候，自己打着到淮阳军和海州等地催钱粮的旗号，带着一家人乘船扬帆而去。

南宋初年的宰相朱胜非的看法又有不同。他认为：秦桧是王仲山的女婿，王家在济南有家业，金人为了得到王氏的财富供给军用，才让秦桧带着老婆一起出征的。不过朱胜非与秦桧之间矛盾很深，不排除故意诋毁的可能。况且金人到了中原就是强盗，想得到王氏的家产，无须带上王氏，直接劫掠就是了。显然没有完颜昌的默许，秦桧是不可能携全家安然离开金国，逃到南宋的。

　　然而这并不能证明秦桧就是"奸细"。所谓"奸细"，就是间谍、细作或卧底，在《孙子兵法》中叫"用间"，其功能和作用是获取敌方的情报。笔者认为，完颜昌放秦桧南归不是"用间"，因为像秦桧这样花高成本策反的重量级叛徒，只是简单地当获取情报的细作，岂不是大材小用了？笔者认为完颜昌将秦桧放回南宋的目的是"伐谋"。

　　《孙子兵法》云："上兵伐谋。"所谓"伐谋"有两种方式：第一，杀掉对方的决策者，即"斩首"；第二，让对方的决策者改变主意，即"攻心"。两种方式都可以取得"不战而屈人之兵"的效果。完颜昌是主和派，之所以敢把秦桧放回去而且不留人质，他是在赌；秦桧是投降派，之所以敢回去且不怕被怀疑，他也在赌。二人的赌注一样：南宋皇帝赵构惧怕战争，希望和平，一定会重用主和且能够与金国决策层说上话的秦桧。二人的赌注下对了。赵构后来的表现证明，金国人的"伐谋"得逞了。

15

南宋为何会丧权辱国？

南宋绍兴十一年（1141 年），宋与金经过艰难漫长的谈判过程，终于达成一致，签订和约，其主要内容是：宋向金称臣，金册封宋康王赵构为皇帝；划定双方疆界，东以淮河中流为界，西以大散关（今陕西省宝鸡市西南）为界，疆界以南属宋，以北属金；宋每年向金纳贡银 25 万两，绢 25 万匹，自绍兴十二年（1142 年）开始，每年春季送至泗州（今安徽省泗县）交纳。由于此和约签订于绍兴年间，因此史称"绍兴和议"。

令人不解的是，绍兴年间宋军对金兵入侵的反击取得了相当大的胜利，宋金双方基本上势均力敌，那么南宋政府为什么还要与金国签订如此不平等甚至称得上"丧权辱国"的条约呢？这还得从赵构即位之后，宋金之间持续不断的争斗说起。

靖康二年（1127 年）三月，北宋灭亡，金国人立张邦昌为皇帝，史称"伪楚"。四月，金军北归，伪楚皇帝张邦昌主动退位，拥立康王赵构为帝。四月二十四日，赵构在南京应天府即皇帝位，是为宋高宗。

高宗皇帝并不想抗金，只想取代伪楚成为金国的附庸，所以即位不久就派使臣向金国表达议和的请求。金太宗当时并不想让南宋取代伪楚，而是决心消灭南宋。此时金国高层内部出现意见分歧：有人主张放弃陕西，集中兵力平定河北，然后南下灭宋，有人主张先平定陕西，然后再南下灭宋。争论久而不决，直到是年十月，金太宗才决定两边兼顾，一方面要消灭赵构建立的南宋，另一方面派兵夺取川陕地区。金国高层的意见分歧延缓了金国的军事进攻行动，给赵构提供了时间，他得以乘船南逃，来到扬州。

当然，让赵构逃过金兵追杀的最重要的原因，是中原人民顽强的抗金斗争。无论是在陕西一带的西路金军，还是在河北一带的东路金军，都遇到了顽强的抗击。使金军不得不逐城争夺，守城的军民誓死不降，往往战斗到最后一人，金军为此付出惨重的代价。中原人民坚持一年多的抗金斗争，极大地延缓了金军南下的脚步，中原人民英勇的反抗精神织就了南宋初年最悲壮的一幕。与之形成鲜明对比的是，赵构面对金军的进攻，选择遣使向金国求和，先以宋朝皇帝的名义，后以康王赵构的名义，可都被金国拒绝了。

建炎四年（1130 年），金军渡过长江，向江南地区进攻，江南重镇纷纷沦陷，赵构只好放弃临安（浙江省杭州市），乘海船逃到海上。金军从明州（今浙江省宁波市）港乘船追击，当金军追到舟山群岛附近海域时，枢密院提领海船张公裕率宋朝水军击败了金军。金军焚烧明州城后退兵，几天后撤出临安府，沿运河北退。三月中旬，完颜宗弼率部北撤，在镇江（江苏省镇江市）渡江时遭到韩世忠所率船队的攻击，韩世忠的夫人梁红玉亲自击鼓助战，宋军士气大增，奋勇作战。金军战败后，沿长江南岸西行，不断遇到宋军的阻击。直到四月中旬无风之日，宋军船大，行驶不便，金军船队利用船小，行动方便，才得以逃回江北。

与此同时，岳飞率本部人马乘机收复建康（今江苏省南京市）。赵构得知金军北退的消息，才辗转回到越州（今浙江省绍兴市），结束了五个多月的海上逃亡生活。

金太宗遭此失败，感到短期内不可能消灭南宋，就于建炎四年（1130 年）七月二十七日，在大名府（今河北省大名县）立宋朝降将刘豫为皇帝，国号"大齐"，史称"伪齐"。十一月，刘豫改元"阜昌"，第二年四月，刘豫迁都汴京（今河南省开封市）。就这样，又一个傀儡政权在金人的扶植之下诞生了。

金国人建立傀儡政权的目的有三：其一，贯彻"以宋治宋"的方针，控制新占领的北宋领土；其二，在金与宋之间形成战略缓冲区，减轻南宋对金的压力；其三，借助"伪齐"的力量消耗南宋。

在建立"伪齐"的同时，金国西路的进攻遇到激烈的抵抗。宋将吴玠率部多次击退金军对陕西南部地区的进攻，粉碎了金军由陕入川的企图并且收复了凤州（今陕西省凤县）、秦州（今甘肃省天水市）和陇州（今陕西省陇县西南）三地，川陕的形势稳定下来，南宋王朝的侧翼暂时安全了。

东西两路进攻都失败后，金太宗开始改变对南宋的策略，想招降赵构。于是就将秦桧派回南宋，不是让他做奸细，而是让他设法说服赵构投降金国。赵构早就想得到金国的承认，为此不惜投降，因此特别信任和重用秦桧，秦桧很快执掌军政大权。但是，要想投降金国可不是一件容易的事。

因为，一方面金国并没有完全打消灭亡南宋的意图，南宋也没有彻底放弃抗金的斗争；换言之，赵构是否会支持抗金，取决于金国的态度，如果一味地不承认南宋政权，要消灭赵构，那就会逼得赵构拼命抵抗；如果承认赵构的南宋政权，赵构就会立刻放下武器投降。另一方面，经过一段时间的战争磨炼，在富庶的江南地区，南宋的总兵力已经达到十六七万，从而使得江淮的正面战场趋于稳定，形成了南宋与"伪齐"对峙的局面，要想消灭南宋基本是不可能的。

绍兴四年（1134 年）春，岳飞奏请朝廷出兵，收复襄阳地区，得到朝廷的批准。岳飞由江州（今江西省九江市）西进，移驻鄂州（今湖北省武汉市武昌区）。五月初，北上攻占郢州（今湖北省钟祥市），随即率主力直奔襄阳，襄阳的"伪齐"守将闻讯弃城而逃。收复襄阳后，岳飞担任湖北路制置使，成为长江中游的驻防大将，并将南宋中部的防线由汉水下游向北推至淮河一线，对南宋政权的稳定起到了很大的作用。

这时，"伪齐"不断南侵和挑衅，南宋朝廷决心打击一下"伪齐"的嚣张气焰，于是开始了第一次进兵中原的战争。可是在进攻"伪齐"的各路宋军中，只有岳飞部队取得前所未有的胜利。但他们孤军深入，一时难以立足，只好匆忙退兵。岳飞退兵不久，

"伪齐"发兵三十万，号称七十万大军，进攻南宋。

绍兴六年（1136年）十月，杨沂中率部与"伪齐"东路十万大军相遇于藕塘镇（今属安徽省定远），杨沂中部全线进攻，打得"伪齐"军大败而逃，俘虏敌军数以万计。面对如此无用的"伪齐"，金国废"伪齐"政权，将其管辖的地区变成金国的一个省。赵构想取"伪齐"而代之，投降金国的想法不复存在。不久，他投降金国的绝佳机会来了。

绍兴七年（1137年）初，从金国传来徽宗去世的消息。赵构立刻派王伦赴金国迎奉徽宗的灵枢，同时向金国提出议和的请求。王伦带回金国方面的意见，同意赵构的请求并且答应归还黄河以南的土地，具体条件慢慢谈，但必须由秦桧单独主持议和之事，此举恰恰暴露了金国人放归秦桧的战略意图。从此开始了秦桧长达十八年的独相时期。

在秦桧的主持之下，金宋双方终于达成和平协议，内容有四：一，南宋对金国称臣；二，南宋每年给金国进贡白银五十万两、绢五十万匹；三，将河南和陕西地区划给南宋；四，送还徽宗的灵枢和赵构的生母韦太后。南宋至此收复了丧失已久的故都，可以派使臣祭扫皇陵。从当时的形势看，这是对南宋非常有利的议和条件，比高宗可接受的底线高出很多，所以赵构比较满意。

正当赵构和秦桧对投降求和成功欢呼庆贺的时候，金国统治集团内出现了尖锐的矛盾。河南、陕西的土地刚一交还，金国内部就发生了政变。和约对南宋有利，金国方面反对的人很多。金国主和之人正是将秦桧放归的完颜昌，与秦桧不清不楚的关系成了他受攻击的口实。完颜宗弼等主战派对完颜昌的专权不满，政变成功，主和派人物完颜昌被杀，主战派上台，金与南宋的和平协议被撕毁。完颜宗弼等人夺回河南和陕西等地，并渡过淮水进攻淮南地区。

消息传到临安，皇帝赵构命韩世忠、岳飞和张俊三位大将担任招讨使，各率本部人马赶赴前线御敌。六月下旬，岳飞自鄂州到达德安府（今湖北省安陆市），赵构派来的监军李若虚也赶到了，他向岳飞传达了皇帝的旨意："不要轻举妄动，适宜的时候班师退兵。"这说明赵构抗金完全是虚张声势。可是岳飞却认为北伐中原，收复失地的时机到了，坚决不同意退兵。李若虚说："事已至此，不可退兵，违抗皇帝旨意的罪名由我李若虚承担。"岳飞在李若虚的支持下，继续向北进兵。经过几次恶战，收复了蔡州（今河南省汝南县）、颖昌（今河南省许昌市）、淮宁（今河南省周口市淮阳区）、郑州、中牟及洛阳，岳飞和他的部下取得了前所未有的辉煌战果。

完颜宗弼不甘失败，亲自率领一万五千多名骑兵，奔袭岳飞的指挥部所在地郾城（今河南省漯河郾城区）。在距离郾城二十多里时，遭到岳飞亲军骑兵的阻击，一场惨烈的肉搏战，从下午一直持续到天黑，最终金军战败。完颜宗弼奔袭郾城失利后，随即又集中两万多人马，大举进攻岳飞北伐的前哨阵地颖昌城（今河南省许昌）。此时岳云率主力三万人马驻守在此。当金军一大早到达城西，摆开阵势攻城时，岳云率八百骑兵冲入敌阵，紧接着步兵又冲杀上来，经过几十个回合的恶战，直至中午，仍然不分胜负，就在这个时候，两支新军突然从城西门杀出，投入战斗，金军终于溃败而逃，宋军杀敌五千，俘敌二千、缴获战马三千，取得空前的胜利。所向披靡的金军骑兵终于在岳家军面前失去了军事上的优势，完颜宗弼感叹道："撼山易，撼岳家军难！"

就在岳飞的先锋部队距离开封城仅百里的时候，皇帝的班师诏书到了。岳飞不甘心，立刻上奏章请求皇帝收回成命，并且强调："大功马上告成，机不可失，失不再来啊！"但是岳飞的上奏刚发出，却接连收到十二道班师诏书，即历史上著名的"十二道金字诏牌"，岳飞无奈，只好退兵。退兵前，岳飞对开封城发起了进攻，当部队到达开封城西南四十五里处的朱仙镇时，守朱仙镇的金军与宋军稍一接战便立即退向开封，金军的意图很明显，想将宋军诱使到开封城下围歼，可是让金军没有料到的是，当所有人的注意力都集中在开封时，分布在今洛阳、郑州等地的宋军趁机南撤。原来这是岳飞为掩护主力部队撤离战场的一次佯攻，让人不得不佩服岳飞的军事才能。

就这样，一场因为金国毁约南侵而引发的战争就此结束。完颜宗弼不甘失败，绍兴十一年（1141年）正月再次南侵。此次南侵同样遭到宋军的顽强抵抗。战场上的胜利，让赵构和秦桧觉得求和的最好时机来临了。

秦桧心里很清楚，在战场取胜的情况下求和，必定遭到岳飞、韩世忠等将领的反对。于是他建议皇帝将岳飞、韩世忠等人召到临安论功行赏。几位将军一来到临安，就立刻被解除了兵权。议和的障碍被排除，赵构和秦桧加快了与金国议和的步伐。金国方面经历了这场失败，终于认识到宋军已今非昔比，于是接受了南宋的议和要求。

绍兴十一年（1141 年）九月，金国方面将南宋两位被俘的将领送回，让他们带话："金国要进行军事进攻，让南宋做好准备。"这显然是在胁迫南宋投降，赵构心领神会，立刻给金国回信，一方面对宋军打败金军表示歉意，另一方面表示，如果金军再次南侵，他只有继续抵抗。最后请求金国方面宽宏大量，与宋朝重新签订和约。不久，金国使臣来到临安，带来了金国方面的议和条件：第一，金宋两国，以淮水为界；第二，宋朝每年给金国进贡白银 25 万两、绢 25 万匹；第三，岳飞总想进攻河北，所以"必杀岳飞，而后可和"[①]。

为了达到议和目的，在赵构的授意下，秦桧与张俊合谋，逼岳飞的部下王贵告发岳飞谋反，起初王贵不肯，可是张俊手中有王贵违法的把柄，王贵只好指控岳飞与副都统制张宪勾结，想占据襄阳谋反。张宪在镇江被捕，随后被送往临安大理寺监狱。岳飞和岳云父子二人也同时被捕。绍兴十一年（1141 年）十一月，"绍兴和议"签订。十二月末，岳飞被害于临安大理寺的监狱中，岳云和张宪也一起被处斩。

赵构为了与金国议和，不但答应了金国方面的全部条件，

---

① 宇文懋昭：《大金国志校证》卷十一，中华书局，1986，第 163 页。

而且将唐州（今河南省唐河县）和邓州（今河南省邓州）割让给金国。绍兴十二年（1142 年）九月，金国派册封使臣到达临安，册封宋康王赵构为帝，国号"宋"，世代臣服，永为藩属。现在的我们一定会感到不可理解，皇帝赵构为什么在南宋与金国军力相当，而且在战场上接连取胜的情况下求和，甚至如此屈辱地对金国称臣。

其实，原因很简单，赵构怕金国扶持他的兄长钦宗赵桓当傀儡，与他抗衡，从而影响甚至取代他的皇位。赵构内心的惧怕当然说不出口，表面上虚伪地说："如果归还我父亲灵柩和我的生母，我不怕屈辱求和，如果不归还，我也不惧怕战争。"实际上，赵构的生母及徽宗的灵柩到达临安时，宋与金的议和早已完成。表面上看，赵构签订"绍兴和议"是为了迎回父亲的灵柩和生母韦氏，但这显然是借口。赵构的私心就是要获得金国皇帝的册封，使其建立的南宋得到金国的承认，因此具有"合法性"，这才是赵构的真实意图。总之，由岳飞等爱国将领浴血奋战赢得的大好局面，被赵构的一己之私葬送了。

16

究竟是谁杀了岳飞?

绍兴十一年（1141年）十二月二十九日，南宋皇帝赵构下旨："岳飞特赐死，张宪、岳云并依军法施行。"[①]意思是，下旨让岳飞自裁，将张宪和岳云依军法处斩。《宋史·岳飞传》的记载则是"岁暮，狱不成。桧手书小纸，付狱，即报飞死，时年三十九"。意思是，直到年底，案子无法了结，秦桧写了一张小纸条递给狱卒，随后便传出岳飞的死讯，（岳飞，作者注）时年三十九岁。这表明是秦桧矫诏害死了岳飞。虽然史料记载不同，甚至相互矛盾，但是岳飞遇害于大理寺监狱是铁的事实。百姓听说岳飞的死讯，无不为之哭泣，消息传到金国，金国的大臣"皆酌酒相贺曰：'和议自此坚矣！'"[②]秦桧杀岳飞是矫诏而行吗？有人立刻反驳说："不对！要杀一个枢密副使，秦桧没这个权力，这是赵构的旨意！"那么赵构又为何干这种亲者痛，仇者快的事呢？为了解开这个谜团，还得从赵构亲笔题写的"精

---

①　李心传：《建炎以来系年要录》卷一百四十三，中华书局，1988，第2302页。

②　岳珂：《鄂国金佗稡编续编校注》卷第八，中华书局，1989，第719页。

忠岳飞"四个字说起。

绍兴三年（1133 年）九月，赵构在临安（今浙江省杭州市）召见岳飞，并且亲笔题写"精忠岳飞"四个大字，绣在一面锦旗上。同时提拔岳飞为镇南军（今江西省南昌市）承宜使、江西沿江制置使，不久又迁为江南西路舒、蕲州（今湖北省蕲春县）制置使。赵构此举充分体现了他对岳飞的信任和倚重，开启了这对君臣之间关系最为密切的时期。他们之间的关系最初并不和谐。靖康二年（1127 年），岳飞听说赵构在南京（今河南省商丘市）即位，立刻给赵构上书说："陛下登基，社稷有主，应该有充分的伐敌谋略。陛下最好回东京坐镇，不要南下去临安。应该'乘二圣蒙尘未久，虏穴未固之际，亲帅大军，迤逦北渡。则天威所临，将帅一心，士卒作气，中原之地指期可复！'"[1]

岳飞的上书虽然一片赤诚，忠心耿耿，却让赵构非常生气，以"小臣越职，非宜所言"为由，将岳飞"夺官归田里"[2]。被罢官的岳飞并没有回乡，而是到大名府河北招抚司投奔张所去了。张所独具慧眼，非常器重岳飞，让岳飞归"八字军"王彦指挥。可是王彦心胸狭窄，一次岳飞杀敌心切，擅自行动，王彦就判岳飞死罪，幸好被宗泽拦住，请求让岳飞戴罪立功。岳飞果然不负宗泽所望，汜水关一战，升任统制官。宗泽死后，岳飞归属杜充部，在开封南燕门大破叛军王善，升为武经大夫。

---

① 岳珂：《鄂国金佗粹编续编校注》卷第十，中华书局，1989，第 73 页。
② 岳珂：《鄂国金佗粹编续编校注》卷第四，中华书局，1989，第 74 页。

建炎三年（1129年），金兵南侵。赵构为了偏安东南，卑躬屈膝地给粘罕上了一道《乞元帅书》，在书中哀求金国元帅把他收为臣属，只要金国不消灭他，什么都可以献给金国。如此怯懦的君主与誓死恢复被占江山的岳飞，二人之间的矛盾不可调和。

可是，赵构的乞降并没有改变粘罕灭宋的初衷，甚至越发坚定了灭宋的决心。建炎三年（1129年）十月，十万金军杀过长江，破建康、踏江南，沿溧阳、广德、安吉、湖州、杭州、明州（今浙江省宁波市）一线追击赵构，赵构从舟山仓皇出逃。就在金军过江时，岳飞的上司杜充率众到江北投敌了。岳飞只好收拾残兵，重建自己的队伍，"岳家军"开始形成。他领兵在敌后的广德六战六胜，在宜兴四战四捷，阻滞了金军进攻的脚步，保护了一方安宁，深受百姓爱戴。可这却违背了宋朝的陈规旧例，为岳飞将来遇害埋下种子。

建炎四年（1130年）二月，金兵在江南军民的抗击之下只好北撤，岳飞率领本部人马乘胜追击。金兵北撤过江时，遇到韩世忠在黄天荡的顽强阻击，岳飞抓住战机，在牛头山设伏歼敌，获静安大捷。金兵全部逃过长江后，岳飞率兵收复了建康（今江苏省南京市），因此声名大振，终于受到朝廷的奖励，赵构从此对岳飞另眼相看，授岳飞为武功大夫、忠州防御使、通泰镇抚使，岳飞开始步入南宋高级将领的行列。

岳飞能如此快速地获得提升，除了他英勇善战之外，更重要的原因在于金国方面。因为粘罕拒绝了赵构的投降，还打算彻底消灭南宋，赵构不得已而抗金，因此对主战派的态度发生了变化，岳飞的地位和价值也就显得重要起来。粘罕为什么不接受赵构的投降，这不正是"不战而屈人之兵"的大好机会吗？因为粘罕不想在中原建立赵氏政权，他本来扶持张邦昌为帝，建立"大楚"。张邦昌主动退位让粘罕非常恼火。后来他在大名府（今河北省大名县）建立新的傀儡政权，立宋朝降将刘豫为帝，即"伪齐"政权，对赵构的南宋形成巨大的压力，对赵构没有信心的人，纷纷选择投降"伪齐"，比如绍兴元年（1131 年）五月，宋将李成众率数万人投降"伪齐"。看着"伪齐"日渐强大，金国又将陕西划给刘豫，整个中原都成了"伪齐"的国土。翌年四月，刘豫将"伪齐"的首都迁到开封，改称"汴京"，又加大对南宋的进攻力度。绍兴三年（1133 年），刘豫攻陷邓州，强盗出身的李成投降了"伪齐"。襄阳知州李横，随州知州李道，听说消息后弃城而逃。不久，郢州、唐州和信阳军相继陷落，"伪齐"的势力更加强大。

面对"伪齐"的压力，赵构的政权岌岌可危，必须有人为他独当一面，抗衡"伪齐"。此时岳飞崭露头角，值此用人之际，赵构这才亲笔题写"精忠岳飞"四字。绍兴四年（1134 年），赵构任命岳飞为荆南和岳州制置使，准备北伐收复失地。此时无处可逃的君主与誓死北伐的将军终于有了共同目标，虽然是暂时的，却使岳飞在一定时间内获得赵构的绝对信任，岳飞的军事才能得到了充分的发挥。正所谓"将能而君不御者胜"！[1]
岳飞挥师北上，很快收复了随州、郢州和襄阳。随后，岳飞向
皇上建议："襄阳、随、郢，地皆膏腴，苟行营田，其利为厚。
臣候粮足，即过江北，剿戮敌兵。"[2]岳飞的建议得到了赵构的
支持。不久，岳飞又收复邓州、唐州及信阳军。

南宋政权终于在岳飞等几位将军率领军民浴血拼杀之下，
站稳了脚跟，并且开始积蓄北伐的力量。绍兴七年（1137年），
岳飞给高宗上书，建议起兵北伐。赵构读了岳飞的上书后，回
答说："有臣如此，顾复何忧，进止之机，朕不中制。"[3]意思是，
有你这样的大臣，我没有任何忧虑，无论进军还是驻守，我不
会干预。后来又把岳飞召到寝宫，当面对岳飞说："中兴之事，
一以委卿。"[4]同时授权岳飞节制光州（今河南省潢川县），岳
飞的政治生涯达到了鼎盛。可是好景不长，赵构对岳飞的态度
渐渐地发生变化，最终二人反目成仇，赵构甚至下旨杀了岳飞。
发生这种变化的原因究竟是什么？

首先，是奸臣的挑拨。绍兴七年三月，刘光世被罢免军职，
赵构准备将他统领的王德、郦琼部交给岳飞指挥。可是时任枢
密使的秦桧和宰相张浚都表示反对，并且提醒赵构，将军手中

---

[1] 陈曦译注：《孙子兵法》谋攻篇，中华书局，2011，第52页。
[2] 脱脱等：《宋史》卷三百六十五，中华书局，1985，第11382页。
[3] 脱脱等：《宋史》卷三百六十五，中华书局，1985，第11386页。
[4] 同上。

权力太大，会尾大不掉。于是，赵构收回成命。几天之后，张浚询问岳飞："王德为淮西军所敬服，我想任用他为都统，让吕祉以都督府参谋的身份率领这支部队，怎么样？"岳飞回答："王德和郦琼不相上下，一旦提拔王德，郦琼必定不服。吕祉不熟悉军队，恐怕难以服众。"张浚问："那么张宣抚这人怎么样？"岳飞回答："他为人残暴而缺乏智谋，尤其为郦琼所不服。"张浚又问："那杨沂中呢？"岳飞回答："杨沂中与王德差不多，如何统驭得了这支军队？"张浚讥讽道："你的意思是非你不可喽？"岳飞说："都督郑重其事地征求我的意见，我不能有所保留，哪里是想要这支兵马的指挥权？"岳飞表明自己对权力不感兴趣，上奏请求解除兵权，然后穿上孝服，让张宪代理指挥军队，自己步行来到母亲的墓旁搭了一座小屋，为母亲守丧。张浚大怒，让张宗元任宣抚判官，监督岳飞的军队。赵构下了几次诏，岳飞才回到部队。可以想见当时岳飞内心该有多愤怒。但是，岳飞的清高负气，同样在赵构心中埋下怨恨，只是当时还离不开岳飞，所以才没翻脸。可是，这种表面的和谐很快就维持不下去了。

绍兴十一年（1141 年），宋军在柘皋（今属安徽巢湖）地区击败了金军的进攻，金国方面明确表示愿意议和。为了排除议和的障碍，皇帝赵构和宰相秦桧借口表彰参战将领的功绩，将岳飞、韩世忠、张俊等人召来，让韩世忠担任枢密使，张俊和岳飞担任枢密副使。赵构此举其实是为了解除几人的兵权，把他们明升暗降，留在身边便于控制。韩世忠对朝廷的任命感到非常意外。其实，这时朝廷针对"韩家军"的行动已经开始了。

因为韩世忠麾下的"韩家军"纪律严明，战斗力很强，曾在对金作战中立下汗马功劳。但赵构不能容忍朝廷的军队成为某位将军的"家军"，而宰相秦桧一心想同金国议和，韩世忠却一直反对议和，秦桧派使者去金国议和时，韩世忠就曾派出士兵试图劫持使者，破坏议和，后来消息走漏，使者绕道去了金国，但此事让秦桧对韩世忠怀恨在心。

为了除掉韩世忠，秦桧先设法挑拨岳飞、韩世忠的关系。他让岳飞搜集韩世忠的活动情况，说是皇上的旨意，防止韩世忠叛变，这显然是故意制造岳飞与韩世忠之间的矛盾。同时又对张俊许诺，只要他能够约束"韩家军"和"岳家军"，以后就由他统帅全国兵马。张俊就这样成了秦桧的人，受秦桧委托到"韩家军"的驻地楚州，名义上是慰劳军队，实际上是瓦解"韩家军"，又故意让岳飞同行。岳飞事先并不知道张俊的真实意图，当张俊开始瓦解"韩家军"时，岳飞才恍然大悟，表示强烈反对，然而根本不起作用。

消除了"韩家军"的威胁，秦桧还不满意，他想治韩世忠的罪，让他永世不得翻身。为了达到这个目的，秦桧收买了韩世忠的部将胡纺，让他诬告"韩家军"的将领耿著试图谋反，以此牵连韩世忠。胡纺立刻照办，秦桧马上下令逮捕耿著。岳飞得知消息，立刻将秦桧的阴谋通知韩世忠，韩世忠收到岳飞的信后，马上求见高宗皇帝。赵构听说大吃一惊："怎么可能有这种事？"立刻召来秦桧质问。秦桧只好匆匆了结耿著一案，让耿著免于一死。岳飞救了韩世忠一命，却彻底得罪了秦桧。

按照常理，岳飞救了韩世忠，二人应该紧密地联合在一起，共同对付朝中的奸臣，那么赵构和秦桧就不敢轻易对他们下手了。可是岳飞高风亮节，不屑于拉帮结派，韩世忠经过这场挫折，便连续上书，请求免去自己的枢密使一职，然后"杜门谢客，绝口不言兵"。一个高风亮节，一个明哲保身，正中秦桧下怀。

与此同时，金国对待南宋政府的态度开始发生变化。因为，绍兴十年（1140 年）的颍昌大战，金军遭受重创，完颜宗弼不得不承认金国在军事上已失去了优势，无法仅凭武力灭亡南宋。而且金国的士兵对岳飞的恐惧心理也与日俱增，金兵甚至称呼岳飞为"岳爷爷"。因此完颜宗弼想方设法要除掉岳飞。绍兴十年十一月，完颜宗弼在给秦桧的信中说："尔朝夕以和请，而岳飞方为河北图，必杀飞，始可知。"[1]

这就使赵构面对一个选择：要岳飞还是要议和？而且在议和的条件里还有一个更重的砝码，就是赵构的生母韦贤妃。绍兴七年，宋徽宗及郑皇后死于金国，赵构对大臣们说："宣和皇后春秋高，朕思之不遑宁处，屈己讲和，正为此耳。"[2]意思是，我的母亲年事已高，一想到她还在远方，我就坐立不安，哪怕是屈辱求和，也要接母亲回家。面对金国的使臣，赵构曾经强硬地表示："今立誓信，当明言归我太后，朕不耻和；不然，朕

---

① 陈邦瞻：《宋史纪事本末》卷七十，中华书局，2015，第 724 页。
② 脱脱等：《宋史》卷二百四十三，中华书局，1985，第 8641 页。

不惮用兵。"① 显然，赵构为了求和，为了接回自己的母亲，更是为了保住自己皇帝的位子，准备做出任何牺牲，当然包括岳飞等将军的性命。

毫无疑问，赵构的态度得到了南宋朝廷绝大部分人的支持。整个南宋的朝堂上，尤其是士大夫们，根本不顾广大民众的爱国热情，无视民族的根本利益，只考虑统治阶级的利益和个人的私利。因此，他们将议和视为基本国策，一致拥护，而且迎接国母回朝是多么冠冕堂皇的借口。如果南宋王朝的士大夫中多几个敢于为民族大义流血牺牲的斗士，那么赵构和秦桧等人，怎么敢冒天下之大不韪冤杀岳飞父子呢？因此，南宋王朝那些饱读诗书的士大夫们对岳飞的遇害也负有不可推卸的责任。

总之，岳飞自己在战场上的威名与政治斗争中的高风亮节，金国人对岳飞的恐惧和对南宋政权的承认，赵构为了维护皇位对武将的防范、为议和不惜一切代价的决心，秦桧为满足金国主子的意愿和巩固自己在南宋王朝中的地位，张浚因忌妒对岳飞的排挤和倾轧，张俊为了权力不惜出卖战友，韩世忠的明哲保身，士大夫群体的自私和怯懦，种种因素叠加在一起，使岳飞之死成了历史的宿命。

---

① 脱脱等：《宋史》卷二百四十三，中华书局，1985，第 8641 页。

17

孝宗朝是否称得上中兴？

宋高宗赵构为了巩固自己的帝位，并且得到金国皇帝的册封，甘心对金国屈辱称臣，割地纳贡，不仅害死了抗金英雄岳飞，而且将岳飞等爱国将领浴血奋战赢得的大好局面彻底葬送了。可是，南宋方面付出巨大代价换来的和平，并没有维持多长时间就再度被打破。究竟是谁再次挑起战端，重新点燃战火？这就得讲讲金国的海陵王完颜亮了。

　　南宋绍兴十九年（1149年），金皇统九年（1149年），年仅27岁的完颜亮杀了哥哥金熙宗完颜亶，改元"天德"，当上了金国的第四任皇帝。当上皇帝之后，弑兄篡位的完颜亮野心更加膨胀，他想一统天下。为了达成这个目标，完颜亮先将首都从上京（今黑龙江省哈尔滨市阿城区）迁到了燕京（今北京市），让金国首都尽可能处于金国国土的中心。然后，一方面加强中央集权制，另一方面努力加速女真族的汉化进程。他这样做的目的就是要取代南宋成为中原正统，巩固金国在中原的统治，然后灭掉南宋一统江山。

　　第一步，完颜亮先向南宋朝廷施加压力。绍兴三十一年（1161

年）五月，完颜亮派使者借给宋高宗祝寿的名义，到临安向宋高宗传达他的旨意，要求将淮南及汉水流域的土地划给金国，同时又告知宋高宗，他同父异母的哥哥宋钦宗已死去五年了，不需要再担心有人会威胁他的帝位。听说自己的哥哥已经死了，宋高宗立马强硬起来，不仅拒绝金国方面提出的无理要求，而且做出了一系列的抗金部署。例如，任命吴璘为四川宣抚使负责西部防区；任命闵成为京西制置使，率所部三万进驻武昌负责中部防区；任命刘锜为河北东路招讨使，担负东部战区的抗金重任；任命李宝担任提督海船，统率宋朝水师。

不久，金军分三路南下侵宋。负责东部防线的刘锜到达扬州后，立刻实行坚壁清野策略，决心与完颜亮决一死战。可是，主管淮西防务的王权，一听说金军渡过淮河，便立刻率部南逃，使得金军踏上南宋的国土如入无人之境。高宗皇帝召刘锜回军加强长江防御。刘锜率军退守长江北岸，在离瓜州渡口七八里的地方严阵以待。可是，此时刘锜已经身患重病，生活几乎不能自理，只能渡江返回镇江。不久瓜洲渡口就被金军占领，长江北岸很快布满了金军。

就在金军临江之际，参谋军事虞允文从镇江赶到建康（今江苏省南京市），指挥宋军在长江南岸布防。刚刚部署完毕，完颜亮就亲自指挥大小船只数百艘开始渡江，很快就有七十多艘敌船到达南岸。金兵登岸与宋军激战，宋军纷纷退却，江防眼看就要失守。就在这危急时刻，虞允文挥舞长刀，冲进敌群，奋勇杀敌，将士们在虞允文的激励之下与金军殊死搏斗，终于将登岸的金军全部歼灭。完颜亮只好下令撤退。第二天，金军再次渡江，船刚刚行驶到江心，虞允文派出的船队突然出现在北岸的杨林口江面，遭遇埋伏的金军大败而逃，宋军完胜，并收复了大片淮北土地。这就是著名的"采石之战"。

与此同时，南宋提留海船李宝率宋朝水师北上，千里奔袭驻守胶州湾的金国水师。当宋朝水师接近金国水师的时候，李宝命令用火箭攻击敌船。金国水师的战舰全部被烧毁，全军覆没。这时从金国的大后方传来消息，完颜亮的叔伯弟弟完颜雍发动政变，登基称帝，是为金世宗。听到新皇帝登基的消息，金国各地的军政长官对完颜亮统治的长期不满得以表露，纷纷归附完颜雍。腹背受敌的完颜亮本想先灭掉南宋，再挥师北伐与兄弟争夺帝位。于是下达死命令，马上渡江进攻南宋，结果手下将领乘机叛乱，在扬州城外的龟山寺将完颜亮杀死。完颜亮虽然被杀，但金军对宋朝的进攻并没有因此停止，战争依然继续。

不久，金军突然停止进攻并且开始撤退，这是为什么呢？原来，金国统治下的中原人民开始起义了。同时，金朝北部临潢府（今内蒙古自治区巴林左旗）的契丹人也起兵造反，建立契丹国新政权，而且多次打败金军。金世宗为避免两线作战，派金国元帅左监军高忠建出使南宋。这是金国有史以来派出的最高规格使臣，金国方面提出归还完颜亮侵占的南宋土地，要与南宋讲和。这是多好的北伐中原，恢复失地的机会，可是，高宗皇帝答应了金国的和谈要求。

和平协议还没有达成，战争还没有结束，高宗皇帝却突然宣布退位，自己要当太上皇，让太子赵眘即位，改年号"隆兴"，是为宋孝宗。孝宗即位第二个月，便以太上皇的名义下诏，为岳飞平反昭雪，此举显然是为了鼓舞士气，为北伐做准备。同年九月，金世宗派遣使臣前来索要"岁贡"。孝宗皇帝对群臣说："答应金国的要求，是一种屈辱；不答应吧，边境战争不断。怎么办呢？"大臣们立即分为主战与主和两派，孝宗皇帝在太上皇的压力下，听从了主和派的意见，令吴璘退回川陕。吴璘在退兵时遭到金军趁机追杀，宋军损失惨重，元气大伤，从此失去了出兵川陕，进攻金国的实力。

这时，金国对南宋的态度突然变得强硬，金国大军再度压境，同时派出使者要求南宋按照"绍兴和议"的条款向金国进贡，并索取被宋军在采石之战期间收复的淮北地区。金国之所以突然改变态度，就是因为金国已经平定了内乱，可以集中力量对付南宋了。此时的南宋政府也强硬起来，提出宋金的地位应当平等，并且要求重新划定两国边界，遭到金国的拒绝。宋孝宗此时不顾太上皇的反对，积极部署兵力，准备北伐中原。可是，北伐的最好时机已经失去。

五月初，朝廷派李显忠、邵宏渊率军六万，号称二十万，分别渡淮北上。李显忠率部首先攻占灵璧（今安徽省灵璧县）；邵宏渊部围攻虹县（今安徽省泗县），却未能攻下。李显忠率部助攻，金国守将向李显忠投降，宋军占领虹县。宋军乘胜进攻淮北重镇宿州（今安徽省宿州市），守城金军出城抗击，被李显忠部打得大败，宋军乘势攻占宿州。孝宗皇帝立刻任命李显忠为招讨使，邵宏渊为招讨副使，准备收复北宋旧有的国土。不久，十万金兵来攻宿州，李显忠驻军城外主动迎敌，一场恶战，金军败退，双方都损失惨重。邵宏渊被恶战吓破了胆，当金军再度进攻时，他率军乘夜逃跑；李显忠率部入城准备据城抗击，他的部属居然也乘机南逃了。李显忠只好率军南退，虽然辎重尽失，但保存了兵力。金军此战伤亡惨重，所以没有追击宋军。这就是著名的"符离之战"。

符离之战是宋军取胜之后反而溃退，说明南宋的军力还不足以打败金军，同时，金国也很难打败宋军，因而金朝也有了议和的意向。宋军的溃败使主战派受挫，主和派再度占据上风。此时，金国致书南宋，提出将金宋的君臣关系改为叔侄关系，并要求宋朝方面归还在战争中夺取的原属金国的淮北地区，太上皇听说之后非常高兴，催促孝宗皇帝议和。可是孝宗不愿放弃新占的土地，议和进程因此受阻。隆兴二年（1164 年）金军进攻淮南，占领楚州和滁州，再次形成临江之势。面对金军的压力和太上皇的干预，孝宗只好同意议和。

隆兴二年（1164 年）十二月，金宋之间签订了和平协议，史称"隆兴和议"。隆兴和议虽然屈辱，但与"绍兴和议"相比，程度有所降低。比如，宋对金不再称臣，而是称侄；每年给金国的银和绢，不称岁贡而称岁币，给金国的银从二十五万两减少到二十万两，绢从二十五万匹，减少到二十万匹。这表明宋与金之间的力量对比发生了变化，金国的实力在下降，南宋的实力在上升。

虽然隆兴和议依然是不平等的，但毕竟给南宋王朝带来了和平，为休养生息和经济发展提供了机会。孝宗抓住机会，努力要使王朝中兴。孝宗皇帝在位时，注意改良吏治，谨慎选拔官员，严厉惩治腐败，形成了良好的政治风气，这是南宋政治最清明的时期。

孝宗的确是位爱民的好皇帝。比如，当时南宋朝廷规定每年的赋税要提前预缴，也就是说，每年耕地要缴的夏税和秋税，需要在夏收或秋收之前缴，甚至提前到四月底必须送达首都临安，这意味着各地的赋税要在二、三月青黄不接时就要缴齐，这让老百姓如何生活？面对这种不合理的赋税政策，孝宗曾多次下诏禁止，可是户部却并不执行，理由是财政急需所收的田赋支用。孝宗通过一番调查，掌握了户部的具体情况后，决定每年四月上旬财政紧张的时候，允许户部到军库借钱以应付支用，等到八月中旬田赋的夏税征收后归还。就这样，提前催逼夏税的问题，在孝宗的亲自干预下得到妥善解决。

孝宗的爱民还表现在减免灾年赋税上。宋朝有个惯例，遇到灾荒之年，当年的田赋移到丰收年，分两年或三年补缴。孝宗认为灾荒年就不应再收田赋，因此下诏不准各地政府在丰收年补收灾荒年欠缴的田赋。过去遇到丰收年，朝廷嫌粮食和丝帛价格低，就不收实物，强行折合成钱收缴。孝宗多次下诏，严令禁止将应缴的实物折钱缴纳，并强调，如果有人故意违抗，就严惩不贷。皇帝将禁令刻成十几块石碑发往各地，命令地方官员严格执行。

孝宗对水利建设也非常重视。由于南宋地处淮河、长江以南，主要农产区集中在太湖流域及附近地区，那里是农业经济的重心所在，主要种植水稻。为保持稳产高产，兴修水利就成了重中之重。因此，孝宗经常派官员检查水利工程，效果非常明显，即使遇到不少洪涝和天旱，也没有形成重大灾难。

由于和平局势和朝廷的惠民政策，南宋的农业生产和商业经济都得到很大的发展，这一点从货币形式的变化可以看出。由于战争的原因，采矿与冶金业衰败，铜钱铸造量降低，导致货币流通量严重不足，影响经济的发展。于是，南宋政府发行一种叫"会子"的纸币，以缓解货币供应量不足带来的供需矛盾，进一步促进了南宋中叶的社会经济发展，尤其是商业的繁荣。当然，纸币的发行和流通，需要纸币的发行方保持信誉。为此，孝宗时期，朝廷规定在交通不便的地方，可以用会子给付上缴给朝廷的进贡，民间的各种商贸往来，都鼓励使用会子，从而强化了民众对纸币的信任度。

作为世界上最早发行纸币的国家，南宋也产生了最早的纸币发行理论。简单地说就是：一方面向市场投放一定数量的纸币，以保证流通正常进行；另一方面，又控制纸币的发行量，以避免通货膨胀。有一回，孝宗皇帝对宰相赵雄说："近些年来，会子与铜钱价值相等。"赵雄回答说："民间觉得会子更方便，更喜欢使用会子。"孝宗皇帝说："如果朕不爱惜会子，大量发行会子，人们怎么可能如此看重会子。"这说明孝宗皇帝对于纸币发行规律已有一定认知。皇帝和朝廷采取了合乎市场规律的经济政策，自然促进了商品经济的发展与繁荣。

孝宗在位期间，南宋经济繁荣到达顶峰，远远超过了北宋时期，因此后人称孝宗执政时期为"孝宗中兴"。当然，必须承认的是，南宋经济的繁荣与长期的和平有关。因为长江以南除绍兴元年（1131 年）以前，曾受金军渡江南侵抢掠外，直至南宋灭亡的一百二三十年间，一直处于和平发展时期，这是经济繁荣的基本条件。

孝宗时期还营造了百家争鸣的学术环境，对于学术界的各派观点不偏不倚一视同仁，当时各学派自由争鸣，如哲学界有著名的理学家朱熹、心学家陆九渊，功利派思想家陈亮、叶适；文学界有著名诗人陆游、范成大以及著名爱国词人辛弃疾等。可以说是群星璀璨，交相辉映，是中国古代学术、文化史上难得一见的辉煌时代。

虽然孝宗在太上皇高宗的压力下，与金国签订了"隆兴和议"，但他时刻不忘恢复中原，发誓要雪靖康之耻。孝宗在执政的二十八年里，未尝一日忘中原，坚持组建军队，打造武器，选拔将帅，训练士卒，研读兵法。但是，孝宗头上一直有个太上皇，所以他的志向和抱负根本不可能实现。这位太上皇活到81 岁才去世，此时孝宗皇帝已年过花甲，雄心壮志逐渐消弭。淳熙十六年（1189 年）二月，孝宗将皇位禅让给太子赵惇，是为宋光宗。南宋王朝在这位新皇帝的统治下，逐步走上了衰亡之路。

18

庆元党禁究竟针对谁？

绍熙四年（1193年）六月九日，太上皇孝宗赵昚驾崩。光宗皇帝赵惇确立了太子人选之后，突然降旨："历事岁久，念欲退闲。"[1] 意思是，经历这么多事情，我想退位不干了。可要让太子接替皇位，还必须得到太皇太后的支持。谁能给太皇太后说上话呢？有人推荐韩侂胄。因为太皇太后是韩侂胄的小姨，又是韩侂胄老婆的姑妈，关系最亲近，就是所谓"近习"。韩侂胄一口答应。在韩侂胄的努力下，太皇太后同意大臣们立太子赵扩为皇帝的请求，赵扩就这样当上了皇帝。

新君赵扩即位不久，下诏命朱熹入都奏事，就是进京城给皇帝提建议。朱熹终于以"帝王师"的身份入朝，他正君心的愿望可以实现了。但让朱熹没有料到的是，他的到来不仅没争得了君心，反而使自己陷入朝廷权力的斗争之中。矛盾的关键就是那位"近习"韩侂胄。他自以为拥立新君登基有功，就能掌握军事大权，可是宰相赵汝愚只任命他为宜州观察使，一个

---

① 脱脱等：《宋史》卷三十六，中华书局，1985，第710页。

有职无权的闲官，这让韩侂胄大失所望，对赵汝愚怀恨在心。他凭借自己"近习"的身份，经常出入宫禁，传递诏书和圣旨，很快博得了皇帝赵扩的倚重。

此时朝廷内部形成四种势力：第一，以赵扩为代表的皇权势力；第二，以赵汝愚为代表的相权势力；第三，以韩侂胄为代表的"近习"势力；第四，以朱熹为代表的理学批判势力。前三派是争夺朝廷中权力的主要对手，而以朱熹为代表的理学批判势力，相对比较独立和超脱，成为前三派努力争取的对象。在拥戴赵扩为皇帝这件事上，前三派达成一致，为了标明新政，都支持将朱熹请到朝廷装点门面。

可是，韩侂胄嫌自己得到的权力太小，对赵汝愚不满，"近习"派与相权派就此分道扬镳。双方为了战胜对方，都希望皇帝站在自己这边。由于韩侂胄特殊的身份和传统皇权与相权的矛盾，韩侂胄与皇帝赵扩的势力勾连在一起，赵汝愚的力量显然不足与之抗衡。由于朱熹进朝廷主要是得到赵汝愚的支持，而且朱熹为了正君心，再三提醒皇帝远小人近君子，这让韩侂胄对朱熹恨之入骨。就这样，以朱熹为代表的理学批判势力，就与以赵汝愚为代表的相权派站在了一起，成为皇权派和"近习"派的对立方。

朱熹的理学批判势力为什么要站在皇权的对立面呢？这与朱熹理学的根本精神相关。"理学"又称"道学"，之所以如此称呼是因为理学家们建立了一个"道统说"。这个"道统"实际上树立了一个君主的道德标准和楷模，由尧创立，然后传给舜，舜传给禹，禹传给汤王，汤王传给周文王、周武王和周公旦。周公旦再传给孔子，孔子传给孟子，孟子死后，这个"道统"就中断了。宋代理学家以"道统"接续者自居，将道德批判的锋芒指向最高统治者，这就是朱子理学的根本精神。

赵汝愚一直欣赏和赞同朱熹的理论主张，当他担任宰相后，就请朱熹到京城。朱熹因此进入朝廷努力让皇帝"存天理，去人欲"，成为仁义之君。同时激烈地抨击以韩侂胄为代表的"近习"势力。这样的理论主张与政治态度，正好与赵汝愚为代表的相权势力建立了统一战线。

可是，这个统一战线很快就解体了。首先，朱熹试图通过"正君心"的努力限制皇权，引起皇帝的极大不满，将他赶出京城；其次，赵汝愚在残酷的朝廷政治斗争中败下阵来。失败的原因就是君权与相权之间固有的矛盾，赵汝愚是皇室宗亲，在朝廷政治斗争中成为被人弹劾的把柄。比如，韩侂胄的亲信给皇帝上疏，诬告赵汝愚要谋反。并且说"同姓居相位，将不利于社稷"[①]。意思是，皇帝和宰相都姓赵，对宋朝的江山不利。实际上是对皇帝的地位不利。赵汝愚最终被皇帝罢免。

理学批判势力的太学生上疏为赵汝愚辩护，痛斥韩侂胄一派奸臣。结果六人被逮捕，并被发配到五百里之外充军。从此，理学批判势力人士转而明哲保身，有的缄默，有的辞职，有的投靠当权新贵，再也没有人敢出来抗争。最后，"近习"派垄

---

① 脱脱，阿鲁图等：《宋史》卷三百九十二。

断了朝政。

听到太学生被放逐的消息，朱熹心情极其郁闷，一下就病倒了。朱熹在病中给朝廷上疏，提出辞去所有名义上的职务，请求退休。与此同时，韩侂胄一派将朱熹创立的理学打成"伪学"，将理学的信徒打成"伪党"，此时正是庆元年间，这就是南宋时期著名的"庆元党禁"，其实就是一场对知识分子的政治迫害。

庆元二年（1196 年）正月，从湖南传来噩耗。赵汝愚被流放到零陵（今湖南省永州市），途经衡阳的时候生病了，不但得不到应有的治疗，反而遭到韩侂胄爪牙的羞辱，最终赵汝愚含愤而死。朱熹听到消息之后，赶到赵汝愚女婿家祭奠，在祭文中朱熹哀叹道："我罪未论，公行先迈！"[①] 意思是，我的罪名还没有定，您却急匆匆先去了。显然，朱熹已经预感到，下一个被打击的对象就是他自己。

庆元二年（1196 年）十二月十六日，皇帝赵扩下旨，免去朱熹焕章阁待制一职，并取消了朱熹所有的俸禄。与此同时，朝廷遵照皇帝的旨意下达了一道命令给国子监，将朱熹著作的书版和已经出版的书全部销毁。朱熹是中国古代伟大的思想家，在思想史中的地位仅次于孔子，他的思想不仅影响南宋以降的中国，而且对亚洲地区也产生了深远的影响。既然朱熹这么重要，南宋朝廷为什么要销毁和禁止他的著作呢？最直接的诱因是监

---

① 曾枣庄、刘琳主编：《全宋文》第二百五十三册，上海辞书出版社，2006，第 247 页。

察御史沈继祖给皇帝的奏章，上面陈述了朱熹的六大罪状。

第一，不孝敬母亲。证据是朱熹给母亲吃仓库里的陈粮。这一指控的确是事实，但也有两个原因：第一，朱熹在崇安县（今福建省武夷山市）五夫里以富户捐赠的方式建立了社仓，专为解决青黄不接时百姓的吃饭问题。每年春荒时，百姓可以从社仓中借贷粮食，秋天粮食收获时，借一斗还一斗二升。如果收成不好，利息酌情减半，遇到灾年，利息全免。这社仓里的粮食自然是陈粮了。第二，朱熹家中生活困难。朱熹一直担任"祠官"，替朝廷管理宫观庙宇，只拿同等级官员一半的俸禄。可朱熹一家人口多，除了母亲和妻子，还有三个儿子，三个女儿，一家九口仅靠朱熹微薄的收入，生活必定困难，很可能每年都需要到社仓借贷粮食，让母亲吃仓库里的陈米就很自然了。

第二，不尊敬君主。沈继祖的证据是，孝宗皇帝在位时曾多次下诏让朱熹到京城为官，都被朱熹拒绝了。相关部门请朱熹为政府工作也被朱熹骂走。朱熹之所以如此，主要是看透了当时南宋王朝政府的腐败，对当时的政治失去信心，不想与统治者合作，成为欺压百姓的帮凶。

第三，不忠于国家。这个罪名源于孝宗皇帝墓地的选择。事情发生在绍熙五年（1194年）十月，朱熹第一次入京城任职，就参与了关于孝宗皇帝的陵墓究竟安置在什么地方的争论。围绕这个问题，意见有很多，大家各持己见，相持不下，谁也不服谁。朱熹以一位学界前辈的姿态，否定朝廷所有人的意见，建议多找几位懂风水的高人，将他们的意见相互参照，从而选出最佳方案，同时推荐了自己的弟子蔡元定。可是，朱熹的建议却成了沈继祖弹劾他的罪名，他的弟子蔡元定也因此受到牵连。

第四，玩侮朝廷。沈继祖的理由是，朱熹参加皇帝举办的经筵，获得皇帝的恩宠，追封朱熹的父母，封朱熹为男爵。可是，朱熹不但不为朝廷效命，还突然提出辞职，显然朱熹根本没有把皇帝和朝廷放在眼里，"玩侮朝廷，莫此为甚"①。

第五，想变天。证据是朱熹在与建阳（今福建省南平市）知县的和唱诗中写道："除是人间别有天。"其实，这是朱熹创作的《武夷棹歌》中的一句，所谓"棹歌"，就是民间百姓行船时唱的歌。《武夷棹歌》本来是朱熹用民歌风格，抒写武夷山自然风景的诗歌。武夷山下有一条溪，一共九道弯，号称"九曲溪"，朱熹给每一曲都写了一首棹歌，一共九首。其中第九首的最后一句："渔郎更觅桃源路，除是人间别有天。"②表达朱熹对武夷山美景的歌颂和归隐思想，既与建阳知县无关，也与想变天扯不上关系。

第六，有害风教。依据是朱熹相信妖人蔡元定的邪说，认为建阳县学的风水好，有王者之气，因此特别想得到这块土地。建阳知县迎合朱熹的意愿，将县学迁到建阳县的护国寺，就这样，朱熹最终得到了这块风水宝地。在搬迁县学到护国寺的过程中，

---

① 叶绍翁：《四朝闻见录》丁集，大象出版社，2019，第 215 页。

② 吴之振等选：《宋诗钞》文公集钞，中华书局，1986，第 1703 页。

不但毁坏了护国寺里的佛像，也破坏了县学里的孔子像。情况真的如此吗？建阳县学搬迁到护国寺确有其事，但根本不是因为朱熹听信蔡元定的话，要霸占建阳县学这块风水宝地。实际上是建阳县学原来的校舍太破败，早就有搬迁的打算。建阳知县将护国寺改为县学学址，不但为县学提供了更好的办学条件，也正是用儒学对抗佛教的成果，这本来就是理学家们的使命。建阳县学的原址并没有因此归到朱熹名下。显然，这项指控根本不成立。

面对沈继祖弹劾的罪名，朱熹上了一道谢表，不加任何辩解，一股脑儿把所有罪名全部承担了。有人说，朱熹玩世不恭；有人说，朱熹是为了保护自己的同道和学生。笔者认为朱熹是觉得这些罪名根本不值得辩解，驳斥和辩解根本没用，他对朝廷和皇帝完全失去信心，是发自心底的彻底绝望。

庆元三年（1197 年）正月，朱熹最喜欢的大弟子蔡元定被发配道州（今湖南省道县）的命令下达，蔡元定没有与家人告别便被押解上路。朱熹带着一百多名弟子赶来给蔡元定饯行。两人一边开怀畅饮，一边谈笑风生。朱熹对蔡元定说："友朋相爱之情，季通不挫之志，可谓两得矣。"[1] 意思是，朋友之间相爱的情感，蔡元定坚定的意志，是我今天最大的两项收获。蔡元定回答道："执手笑相别，无为儿女悲。轻醇壮行色，扶摇动

---

① 　脱脱等：《宋史》卷四百三十四，中华书局，1985，第 12875 页。

征衣。断不负所学，此心天所知。"[1] 意思是，笑着握手分别，不表现出儿女情长的悲痛。以酒壮行色，微风抚动我出征的衣襟。我不会辜负一生所学的道理，我的心只有天知道。一旁有同学失声痛哭。朱熹却继续喝酒，一直喝到烂醉如泥为止。

蔡元定在儿子蔡沈的陪同和服侍下徒步三千多里，直走得两脚流血才到达发配地道州。翌年，蔡元定病死在道州。临终前，蔡元定给朱熹写了一封信，他在信中说："定辱先生不弃，四十余年随遇，未尝不在左右，数穷命薄，听教不终……惟以不见先生为恨。天下不患无人才，但师道不立为可忧。"[2] 朱熹悲痛得说不出话来，沉重的打击让朱熹再次病倒。蔡元定的灵柩运回建阳下葬时，大病中的朱熹无力亲自前往送别自己的好友和爱徒，只好做了一篇祭文让儿子前去哭祭。朱熹在祭文中哀叹道："精诣之识，卓绝之才，不可屈之志，不可穷之辩，不复可而见矣！天之生是人也，果为何耶？"[3] 过于悲痛的朱熹，身体从此再也没有康复。

庆元六年三月初九（1200 年 4 月 23 日），朱熹与世长辞。就在朱熹去世之后不久，韩侂胄身败名裂，庆元党禁解除，朱熹的官职和名誉得以恢复。随着时间的流逝，封建王朝的统治

---

[1]　王梓材等编：《宋元学案补遗》卷六十二，中华书局，2012，第 3442 页。

[2]　曾枣庄、刘琳主编：《全宋文》第二百五十八册，上海辞书出版社，2006，第 396 页。

[3]　脱脱等：《宋史》卷四百三十四，中华书局，1985，第 12876 页。

者终于发现朱熹理学可利用的价值，开始了神化朱熹的过程。

嘉定二年（1209 年），宁宗赵扩赐朱熹谥号曰"文"，从此朱熹被尊称为"文公"。嘉定五年（1212 年），朱熹的《四书章句集注》被列为国学教材；宝庆三年（1227 年），朱熹被赠太师头衔，追封信国公，三年后改封徽国公；淳祐元年（1241 年），宋理宗下诏将朱熹从祀孔庙，朱子从此成为与孔子一样的圣人，同时受到统治者的顶礼膜拜。

然而，无论是庆元党禁中被打成伪党头目的朱熹，还是在各种谣言和诬陷中被泼满脏水的朱熹，抑或被统治者神化的朱熹，都不是历史上真实的朱熹。当我们真正走近朱熹的时候，才能发现他的思想与人格境界中所包含的深刻意义。面对人欲横流，腐败严重的社会现实，"去人欲"无疑具有重大的现实意义；在信仰危机，价值迷失的情况之下，"存天理"完全可以理解为对理想和信仰的追求。说起"庆元党禁"不过是过眼烟云，只有朱子的理学精神才真正具有永恒的价值。

19

开禧北伐为何失败？

淳熙十六年（1189年）二月，孝宗皇帝将皇位禅让给太子赵惇，是为宋光宗。这位新皇帝最初还是想要有一番作为的。因为孝宗皇帝让赵惇当太子并非一时冲动，而是经过认真挑选、慎重考虑的结果。孝宗曾经评价赵惇："英武类己"，意思是赵惇很像自己。所以，当太子病逝，孝宗皇帝便越过次子赵恺，立24岁的三子赵惇为太子，不久任命赵惇为首都临安府尹，也就是临安府一把手。担任府尹的赵惇关心地方政事，了解周边民情，是个很称职的地方官。淳熙十五年（1188年），孝宗皇帝让太子参加国家大事的讨论和决策，这一年赵惇已经四十多岁。显然，孝宗皇帝认为赵惇已经成熟，这才将皇位禅让给赵惇。

　　赵惇即位之初，的确很重视朝政，头脑也很清醒。比如，有一位名叫姜特立的大臣，仗着自己是太子旧臣，当左丞相周必大被罢免的时候，就对丞相留正说："皇上觉得您在丞相的位子上已经很久了，准备升您为左丞相，那么在叶翥和张构这两个人之间，您选择一个人接替您的位置，您觉得谁比较合适？"叶翥当时任户部尚书，张构任刑部侍郎兼临安知府。姜特立公然推荐国家行政领导的人选，而且专门提这两个人的名字，不但胆大妄为，而且背后一定有问题。丞相留正随即做了调查，发现叶翥行贿姜特立，立刻向光宗皇帝上奏，揭露姜特立收受贿赂，干预朝廷官员任免的行径。光宗皇帝勃然大怒，立刻下诏将姜特立降职赶出朝廷。这说明光宗皇帝并不偏袒自己的亲信，这是不被小人操控的前提。

但是，在皇后李氏面前，光宗皇帝就没办法了。因为李氏善妒，又非常残忍，而且喜欢揽权。有一回，光宗看到一个宫女的手很白，表现出很喜欢的样子。李皇后竟然派人将这位宫女的双手砍下来装在盒子里呈给光宗。光宗皇帝很宠爱黄贵妃，李皇后就趁光宗去郊外祭祀天地，将黄贵妃杀死，谎称黄贵妃暴病而亡。那天风雨交加，祭祀典礼无法举行，光宗皇帝当时就觉得不吉利，就在这时又听到黄贵妃的死讯，让他感到非常惊恐，一时精神错乱，从此不再理政，所有的国家行政事务都由李皇后操控。

更严重的问题是，光宗即位之后，起初还每月四次拜见父皇，可不久父子关系越来越紧张，甚至一年之内也不与父皇见面。一种说法是，李皇后不但揽权，而且还挑拨孝宗和光宗的父子关系，说孝宗要废掉光宗，甚至说孝宗想乘光宗朝见的机会毒死光宗。光宗竟然相信，从此不再到孝宗的住处请安。笔者认为，以李皇后的所作所为，想让光宗皇帝相信她的挑拨并不容易，其中另有原因。

其实，赵惇不见父亲的真正原因是，赵惇要立自己的儿子为太子，太上皇却坚持要立次子赵恺的儿子为太子，父子意见不一致，因此关系紧张，此时李皇后再一挑拨，父子之间便反目成仇。当太上皇病重时，光宗和李皇后依然不去重华宫探望。同年六月，太上皇病逝，李皇后以光宗皇帝生病为由拒绝参加丧礼，使得丧礼无法进行。

　　丧礼无法进行，孝宗就不能入土为安，此时光宗又流露出要退位的意思，条件是立他的儿子赵扩为太子，并将帝位禅让给太子，可是丞相留正准备此事时，光宗又反悔了，吓得留正辞职回了老家。这时，枢密院知事赵汝愚想迫使光宗皇帝退位，立赵扩为帝。他先找殿前司长官郭杲寻求武力支持，郭杲开始不愿意，后来在皇室宗亲工部尚书赵彦逾的劝说下，接受了枢密院的命令。但此事还必须得到太皇太后，也就是高宗的皇后、光宗的奶奶吴氏的支持。于是，赵汝愚通过太皇太后的外甥韩侂胄，设法请太皇太后下旨立赵扩为帝，并垂帘听政。于是，太皇太后在孝宗灵前宣布光宗退位，立赵扩为帝，是为宋宁宗，尊光宗为太上皇。朝廷重臣、皇室宗亲操纵皇帝废立的举动，根本就是宫廷政变。虽然目的是摆脱李皇后对朝廷的控制，让身体健康的皇帝执政，但是，南宋王朝的政治却因此越来越糟。因为，这样的政变行动，必然使朝廷的权力之争更加尖锐，加速了南宋王朝政治生态的恶化。究竟如何恶化，还得从赵汝愚说起。

　　赵汝愚政变成功，主要得力于外戚韩侂胄和宗室赵彦逾，可是，当韩侂胄向赵汝愚邀功，想当节度使的时候，赵汝愚却说：

"我是宗室，你是外戚，有什么功劳可言？"只给韩侂胄官升一级，而且是宜州观察使，完全是个闲职。而对宗室赵彦逾，赵汝愚则说："我们都是宗室，就不要说自己的功劳了。"可是他自己却先升为枢密使，又升任右丞相，而且是独相，大权独揽。这自然引起韩侂胄和赵彦逾的不满。赵汝愚为了进一步加强自己的实力，推荐当时著名的理学家朱熹担任皇帝的侍讲，使得京城一些太学生纷纷站到赵汝愚一边。同时赵汝愚任命赵彦逾为建康知府，将他赶出朝廷，这样一来，政局完全为赵汝愚所控制。

可是，韩侂胄虽然官职不高，却兼任枢密都承旨，专门负责传达皇帝的诏书圣旨，有机会经常接触皇帝，加上又是皇帝的舅舅，很容易就取得了宁宗皇帝的信任。随着他与赵汝愚之间关系的日渐紧张，韩侂胄开始伺机打击赵汝愚。这时，赵汝愚宣扬他曾经梦见孝宗皇帝，将代表国家政权九鼎交给他，而且乘着白龙升天。赵汝愚是否做过这样的梦，根本无法证实，但将这样的梦到处说，实在不像一个朝廷重臣所为，更像是刻意制造舆论。庆元元年（1195 年）元月，韩侂胄指使他的亲信给皇帝上书，说赵汝愚是皇室宗亲，担任宰相不利于社稷。是年二月，赵汝愚被罢免，贬到湖南道州，最后病死在半路。

赵汝愚死后，韩侂胄虽然不在朝廷担任要职，却通过向宁宗皇帝推荐亲信的方式，逐渐操控了朝廷大权。庆元四年（1198 年），在韩侂胄的操控下，朝廷下诏禁伪学，将赵汝愚、朱熹等 59 人列为伪学逆党，史称"庆元党禁"。这种因为朝廷权力之争导致的政治迫害，使得南宋的政治生态更加恶劣。

虽然南宋朝廷的政治继续衰败，但是北方却传来好消息。因为蒙古的兴起，金国屡受攻击，同时，金国境内又不断爆发农民起义，主战派认为收复中原的机会终于来临，力劝韩侂胄进攻金国，收复中原，建立盖世功勋。开禧元年（1205年）七月，韩侂胄终于从幕后走到前台，担任平章军国事，权位在丞相之上，准备北伐中原。翌年四月，宋军不宣而战，渡过淮河进攻金国的泗州，不久又攻占虹县（今安徽省泗县）。消息传来，君臣振奋，立刻公开对金宣战。

宋军各路人马向金国境内进攻。虽然出乎金国的意料，但南宋军队大多战斗力不强，又缺乏战斗意志，就算主动进攻，一旦遇到金军接战，也经常一战即败，甚至未战先溃。更令人不可理解的是，本来计划东、中、西三路同时开始北伐，可是四川宣抚使吴曦统率的西路军，无论朝廷怎么催促，就是按兵不动。

开禧二年（1206年）十月，金国撇开南宋的西部战场，集中兵力进攻宋境的东部和中部，很快渡过淮河南下，宋金形势随即逆转，由原来的南宋北伐转为金国南侵。南宋重镇逐一陷落，金军很快临江，形势危急。南宋朝廷只好委托两淮宣抚使丘崈，派使臣向金国求和。金国也有议和的意向，随后逐渐退兵淮北，淮南仅占领海州，并据有淮河渡口，只要南宋拒绝和谈，就立刻渡淮南侵。显然，川峡方面的宋军按兵不动，是造成这场看似很有把握的北伐战争以失败求和告终的主要原因。

那么，曾被韩侂胄寄予厚望的吴曦为什么按兵不动呢？原来，吴曦早就暗地里投降了金国，而且首鼠两端，窥测战况，只等宋军北伐失败，才敢宣布出任金国委任的蜀王。虽然吴曦叛变投敌后不久就被他的部将杀了，叛变也被平息，川陕地区未因此落入金国之手，但是对整个北伐大局而言，已经于事无补。

吴曦被杀并未能使韩侂胄改变向金求和的意向。其实，这时的金国已经处在败亡的前夕，实际上不再有继续作战的能力，只是仍对宋朝威胁、讹诈，对宋朝派到金国的使臣态度非常恶劣，甚至将之打入大牢进行恫吓。不久，宋朝使臣回到南宋，带来金国方面的回信。金国方面威胁南宋说：如果对金朝称臣，金宋两国就在江淮之间取中划界；如果对金朝称子，就以长江为界。要想和平，必须先杀了领导北伐的奸臣韩侂胄，将韩侂胄的首级送到金国首都，还要增加每年的岁币，并且还要犒赏金国军队。

金国提出的和平条件让韩侂胄大怒，决意再度整兵出战。宁宗立刻下诏，招募新兵，并起用辛弃疾为枢密院都承旨指挥军事。六十八岁的辛弃疾此时得病在家，接到任命，还没来得及上任，就在家中去世。在韩侂胄积极筹划准备再战的时候，朝中主降派的官员也在暗中活动，其中的代表人物是当时的礼部侍郎史弥远，为了达到与金国议和的目的，他给宁宗的杨皇后秘密上书，请求杀了韩侂胄。因为杨皇后与韩侂胄有旧怨，当初宁宗要立杨氏为皇后，曾遭到韩侂胄的坚决反对，虽然杨氏最后还是登上了皇后宝座，但从此对韩侂胄怀恨在心。

杨皇后通过一位皇子给宁宗上书，说韩侂胄再度发动战争，于国家不利。宁宗不予理睬。杨皇后就伪造了宁宗的密旨，指令殿前司长官夏震将韩侂胄杀死。

被蒙在鼓里的宁宗接到临安府报告的韩侂胄死讯，一直不愿相信，三天后，他终于确认韩侂胄已死，却对死因不加追究。史弥远不但阴谋得逞，而且升为礼部尚书，同时掌握了政府实权。昏君执政，必然是奸臣当道。嘉定元年（1208 年）三月，为向金表明屈膝求和的诚意，南宋恢复了奸臣秦桧的申王爵位和忠献谥号。九月，宋金和议签订，史称"嘉定和议"。

和议将金与宋之间的叔侄关系改为伯侄关系；每年纳贡的白银二十万两和绢二十万匹，增加为白银三十万两，绢三十万匹，比绍兴和议还多，而且得一次性付给金国战争赔款二百万贯钱。这是历次和议中所没有的，是宋金间最屈辱的和议。史弥远是典型的挟外敌以自重，借助敌国的力量加强自己在朝廷中地位的奸臣，果然，不久史弥远就升为右丞相。

五年之后金国发生兵变，金帝完颜永济被杀，完颜珣即位，是为金宣宗。第二年三月，金献公主，也就是完颜永济的女儿向蒙古成吉思汗乞和。金宣宗为了躲避蒙古大军的进攻，于当年的七月将首都迁到南京（今河南省开封市）。消息传到南宋朝廷，众位大臣纷纷提出要求，停止给金国岁币，史弥远在朝野舆论的压力之下，于嘉定八年（1215 年）二月向金国提出将岁币减为"隆兴和议"规定的白银二十万两，绢二十万匹。虽然金宣宗被蒙古军打得狼狈逃窜，却不把南宋放在眼里。

也难怪金国人小看南宋，在金国已经如此狼狈的情况下，南宋朝廷只是提出减少岁币，能不让人觉得南宋太软弱了吗？因此，这个要求毫无意外地被金宣宗拒绝了。南宋朝廷这才强硬起来，干脆停止付给金国岁币。金国从嘉定十年（1217 年）至嘉定十五年（1222 年），五年间连续发动了三次大规模的侵宋战争，但统统被宋朝军队打败，赶回淮北。

　　这时，北方的蒙古军队对金国的进攻更加猛烈，金国无力再南侵。兴兵北伐收复中原的机会真的出现了。可南宋王朝在奸臣史弥远的控制下，一味地消极防御，只要击退金军，保持半壁江山就满足了，根本不考虑乘胜追击，收复中原。从此宋与金又处于相对和平的状态。不久宁宗病死，最高权力出现真空，围绕立谁为帝的问题，朝廷再度展开了激烈的争斗。

20

厓山之恨是否不可避免？

宁宗驾崩之后，围绕由谁继承皇位的问题，宫内展开了激烈的争斗，最后在权臣史弥远的操控之下，废了原来的皇储赵竑，立皇子赵昀为帝，是为宋理宗。赵昀对当上皇帝有些意外，自然对拥立他为皇帝的史弥远抱着感恩之情，再说他也无力改变当时的政局，因此，即位之初的赵昀，完全被操控在权臣史弥远的手中。史弥远为了巩固自己的地位，采取了一些措施。

　　首先，尊崇理学。宝庆三年（1227年）正月，追封已故理学大师朱熹为"信国公"，特赠最高官衔"太师"，并大力表彰朱熹的《四书章句集注》，起用理学家真德秀为泉州知州，魏了翁为泸州安抚使兼泸州知州，将年纪太大无力担负官职的理学家，比如朱熹的弟子傅伯成、陆九渊的弟子杨简，授以一些闲职和荣誉。

　　其次，为了改善自己卖国降金的奸臣形象，追谥岳飞为"忠武"。

　　在现实政治中，史弥远不但将皇帝架空，且根本不把朝中大臣放在眼里，朝政完全由他一个人说了算，即使蔡京、秦桧、韩侂胄也不敢如此擅权。他不但把持朝政，而且重用一些奸佞小人。在他的纵容之下，贪腐横行，世风败坏，纲常沦丧，法度废弛。他的亲信李知孝和梁成大，不但大肆收受贿赂，甚至将收受的贿赂公然陈列在居所的堂上和廊下让客人观看，如同公开索贿。官员如此贪婪，政治如此腐败，社会风气如何能不败坏？

绍定六年（1233 年）十月，奸相史弥远病死，长达 26 年的擅权政局和黑暗统治终于结束。理宗终于摆脱傀儡地位开始亲政。他立刻下诏改绍定七年为端平元年（1234 年），向百姓表示，要有一个新局面。然后，惩处了引起最大民愤的几个史弥远的手下。就在理宗皇帝准备励精图治，想有一番作为的时候，机会还真的来了。

绍定四年（1231 年）夏，蒙古派遣使臣到南宋的襄阳（今湖北省襄阳市）与宋朝将军陈埙联络，相约联合进攻金国。第二年，陈埙派兵与蒙古军队进攻金国的首都汴京。金哀宗逃向归德（今河南省商丘市），蒙古帝国再一次派遣使臣来到南宋商议联合进攻金国，南宋也派使臣到蒙古转达南宋朝廷愿意合作的意向。蒙古帝国方面承诺，打败金国之后将黄河以南地区归还给南宋。这个时候金哀宗已经逃到了蔡州（今河南省汝南县）。

绍定六年（1233 年）八月，蒙古军都元帅塔察儿派使者到南宋的襄阳，约宋出兵与蒙古军联合进攻蔡州。京湖制置使史嵩之，随即派副都统制孟珙与部将江海，率军两万与蒙古军一起攻打蔡州。端平元年（1234年）二月九日，蔡州即将被攻破的时候，金哀宗将皇位禅让给族人完颜承麟，是为金末帝。传位仪式刚刚结束，南宋军队就攻上城南的城墙，进入蔡州城的宋军立刻打开西门迎接蒙古军队入城。金哀宗听说消息后自杀了，金末帝被乱兵杀死，金国灭亡。

历史真是惊人的相似，就像当年北宋联合金国灭了辽国，金国不守承诺，答应归还宋朝的燕云十六州不还了。蒙古汗国也一样，在联合南宋进攻金国的时候答应将黄河以南的地区还给南宋，可是灭了金国之后，蒙古人说话不算话，只将陈州（今河南省周口市淮阳区）、蔡州东南地区还给宋朝。面对毁约的蒙古人，宋朝只能接受既成事实，并没有据理力争。现实就是如此，守约诚信只存在于势均力敌的双方之间，强势一方往往没有诚信可言。

然而，蒙古军主力北归后，理宗采纳部分官员的意见，计划乘虚出兵河南，收复中原，随后西据潼关北守黄河，占领黄河南部地区。这实际是想以武力的方式，将蒙古国答应归还的土地夺回来。南宋军队按计划挥师北上，很快占领了东京和洛阳。蒙古军队立刻由陕州（今河南省三门峡市）回兵进攻洛阳，一时不分胜负。但是，宋军军中断粮，只好先退兵。这时蒙古军将黄河大堤扒开，水灌开封城，宋军弃城南归，南宋收复黄河南部地区的行动失败了。

是年冬，蒙古汗国派使臣来到南宋，责问南宋为什么违背两国盟约进攻他们占领的土地，同时要求南宋要像过去臣服金国那样向蒙古汗国称臣纳贡。理宗虽接见了蒙古的使臣，但是双方并没有达成协议，从此南宋和蒙古两国之间进入对峙与交战的时期。

端平二年（1235 年）六月，蒙古汗国兵分三路陆续进攻南宋：西路蒙古军于当年十二月侵入四川，宋将曹友闻率部英勇抗击数倍于己的蒙古军，结果全军覆没，曹友闻战死。蒙古军长驱直入占领川西重镇成都等地，大肆劫掠后北归。东路蒙古军于第二年冬大举南侵，攻城略地，直至长江边的真州（今江苏省仪征市），被知州邱岳的伏兵击败后北返。

中路蒙古军于第三年初，侵入宋境，占领襄阳、随州、荆门、枣阳等地。蒙古军在进攻江陵（今湖北省荆州市）时，被宋将孟珙率军击败，蒙古军渡江南侵的计划失败。宋军又接连在信阳（今河南省信阳市及罗山县一带）、光化（今湖北省丹江口市）一带打败蒙古军队，并且收复襄阳等失地。

面对蒙古军南侵的严峻形势，南宋政府一方面调整布置，加强防御，另一方面派出使臣与蒙古汗国进行和平谈判。蒙古方面提出宋蒙之间以长江为界，每年按照对金国进贡标准，向蒙古汗国进贡，每年白银二十万两、绢二十万匹。南宋朝廷一时不愿意答应这个条件，于是宋蒙之间没有达成协议。南宋淳祐元年（1241 年）十一月，蒙古汗国的窝阔台汗病死，蒙古汗国内部忙于争夺汗位，一时顾不得南侵。虽然议和没成功，但是南宋的危局有所缓和，而理宗的生活越来越奢侈腐化，不再以国事为重，南宋王朝的政治迅速败坏，出现了与北宋末年十分类似的情况。蒙古等本国内斗结束，便再度发起了灭亡南宋的战争。

开庆元年（1259年）八月，蒙古铁骑挥师南下灭宋。是年九月，就在襄阳城岌岌可危，眼看就要被忽必烈的蒙古大军攻克的时候，蒙古汗国的蒙哥汗在率军攻打四川合州钓鱼城（今重庆市合川区东）时，中箭受伤而死，蒙古汗国的可汗之位出现空缺。忽必烈接到老婆的密报，蒙古宗室在争夺可汗的大位，让他迅速北归。忽必烈决心北撤，却故意放出话，要夺取临安，为北归打掩护。在鄂州督战的右丞相贾似道，尽管接到蒙哥汗死于钓鱼城的消息，却对忽必烈夺取临安的烟幕弹信以为真，立刻派使前往求和，答应割让长江以北土地并且纳贡称臣。忽必烈一边派使臣到鄂州谈判，同时命令蒙古军北撤，南宋王朝得以继续偏安一隅。

由于忽必烈先忙于争夺汗位，即位后又忙于平定内乱，顾不上进攻南宋，宋蒙之间再一次处于相对稳定的和平时期。1260年，蒙古汗国最优秀的政治人物忽必烈，打败所有竞争对手，成为新一任蒙古汗国的可汗。忽必烈在登基诏书中自称"朕"，称蒙哥汗为"宪宗"和"先皇"，明显接受了中原文化传统，不再自称大蒙古汗国的可汗，而是称皇帝。不久，忽必烈正式建年号"中统"，表示他才是中原的统治者。

南宋景定五年（1264年）十月，理宗病死，太子赵禥即位，是为宋度宗。由于贾似道撒谎说他率领宋朝军队击退了蒙古军队，对宋朝有再造之功，从此开始把持朝政。贾似道权倾朝野，一些正直的官员，不愿与之同流合污，但又怕遭打击，纷纷借故辞官。

咸淳元年（1265年）八月，蒙古军队再度南下，很快就占领了淮河两岸。咸淳四年（1268年）九月，蒙古军队开始围攻襄阳和樊城（今湖北省襄阳市樊城区）。襄阳和樊城的军民拼命死守，附近的各路宋军纷纷前来救援，却一直无法解襄樊之围。不过，蒙古军队即使付出惨重代价，也一直无法攻陷襄阳和樊城，宋蒙两国在襄樊城下形成胶着状态。但贾似道一直对度宗隐瞒襄阳危急的真相，有一天度宗问贾似道："襄阳之困已经三年了，现在情况如何？"贾似道说："蒙古军队已经退兵了！"实际上襄樊正被蒙古军包围，宋军组织的多次救援都无济于事。在国家危亡之际，贾似道让他的亲信范文虎直接听命于他，不受前线指挥官的节制，使得宋军的援襄行动不能统一调度。

南宋咸淳七年（1271年）十一月，忽必烈接受汉族大臣的建议，取《易经》"大哉乾元"之义，先将年号由"中统"改为"至元"，然后又将国号由"蒙古汗国"改为"大元"。无论是年号"至元"还是国号"大元"，都在宣称忽必烈是中原王朝正统的合法继承者。1272年，忽必烈将中都（今北京市）改为大都，并且宣布在此建立都城。大都的建筑风格选择了中原样式。1273年，大都宫殿建成。第二年元旦，忽必烈在正殿接受朝贺。元朝从此定都大都，蒙古帝国的政治、经济、军事和文化中心，从哈拉和林（今蒙古国乌兰巴托西365公里处）转移到了北京。

建立元朝后，忽必烈率领蒙古大军南下就不再是南侵，而是大元王朝完成统一大业。因此，元军加紧了对南宋的攻势，西起四川，东至襄樊，全线告急。咸淳八年（1272 年）三月，樊城外城失守，宋军退守内城。咸淳九年（1273 年）正月中旬，坚守达五年之久的孤城樊城被攻破。二月中旬，襄阳知府吕文焕降元。襄樊失守，南宋防御元朝军队进攻的军事屏障丧失了，南宋的局势岌岌可危。可贾似道并没有认识到问题的严重性，在文过饰非的同时，只对防务略作调整。

　　咸淳十年（1274 年）七月，年仅 35 岁的度宗病死。四岁的长子赵显即位，是为恭帝。是年九月，元军分兵两路，西路由伯颜为统帅、东路由合答领兵，继续向南进攻，目标是攻取荆湖地区。十月，伯颜率主力二十万进攻郢州，抗元名将张世杰奋起抗击，元军被阻于郢州城下，伯颜决定越过郢州，顺汉水而下南攻鄂州。张世杰派副将赵文义率军追击退走的元军，赵文义战败而死。十二月中旬初，伯颜率部攻击长江北岸的阳逻堡（今湖北省武汉市阳逻镇渡口），宋军顽强抵抗，击退了元军的进攻。元军于是派偏师乘雪夜从上游的青山矶（今湖北省武汉市青山区）渡江，宋军守将率部抗击，战败受伤后逃回鄂州。伯颜再次以重兵攻打阳逻堡，宋军守将战死，阳逻堡失守。于是元军开始大举渡江，鄂州守将献城投降。消息传来震惊南宋朝野，贾似道被迫兼任都督指挥各路军马，并且向全国发出紧急诏书，调动各地兵马入京勤王。

　　德祐元年（1275 年）正月，元军顺江而下，南宋重镇纷纷陷落。贾似道派使臣前往元军营中请求让南宋称臣，以贡岁币换和平，但是被元朝拒绝。元军在东进途中与宋将孙虎臣所率的七万宋军发生激战，督战的贾似道远远地躲在后方鲁港（今安徽省芜湖南），当先锋姜子才率军与元军奋勇作战时，主帅孙虎臣弃军逃往鲁港，淮西安抚使夏贵不战而逃，宋军被打败。贾似道、孙虎臣乘船逃往扬州，完全不顾长江防线。鄂州守将张世杰立刻率军东下保卫临安，江西提点刑狱文天祥起兵勤王来到临安。

德祐元年三月，元军又接连占领建康、镇江、常州、无锡等地。十一月，伯颜亲率元军主力攻陷常州，然后兵分三路直取临安。东路由董文炳率元水军直奔澉浦（今浙江省海盐县），西路元军由建康出发直奔广德（今安徽省广德市），伯颜亲自率中路东进，定期会师临安城。德祐二年（1276年）正月，伯颜率领的元军主力到达皋亭山（今浙江省杭州东北），南宋派使臣迎降，请求保留南宋王朝，封为小国。文天祥被任命为右丞相兼枢密使，前往伯颜的军营议和，结果被元军扣留。德祐元年二月，南宋恭帝出城投降。

德祐元年五月初一，陈宜中、张世杰、陆秀夫等大臣在福州立年仅七岁的赵昰为帝，是为端宗。端宗的母亲杨太后垂帘听政，改福州为福安府作首都，重建南宋王朝，改年号"景炎"。陈宜中为左丞相，李庭芝为右丞相，张世杰为枢密副使，陆秀夫任签书枢密院事。此时文天祥从元军的大营中逃出，来到福建，被任命为右丞相兼知枢密院事，小朝廷初具规模，继续进行抗元斗争。这个时候南宋的疆域大部被元军占领，只剩下福建、广东、浙江东南和江西南部等地，此外，还有李庭芝、姜才坚守的淮东，张镇坚守的重庆，以及各处的一些零星地区还在抵抗元军。

同年十一月，元军进入福建，张世杰、陈宜中等带着端宗和杨太后乘船逃亡海上，文天祥率军转战于福建、江西、广东边界地区，战败被俘，誓死不降，最后就义于元大都（今北京市）。端宗、杨太后和张世杰等人的船队一直辗转于福建、广东的沿海，未能登陆。景炎三年（1278年）四月，端宗病死。他同父异母的弟弟赵昺即位，年仅六岁，是为宋末帝，改当年为祥兴二年（1279年）。陆秀夫任左丞相、张世杰为枢密副使。祥兴二年二月初六（1279年3月19日），元军在崖山（今广东省江门市新会区东南）大举进攻张世杰部，宋军战败。陆秀夫背着南宋末帝赵昺投海自尽，南宋灭亡了。

到此为止，蒙古族成为第一个入主中原，完成中华统一的少数民族。自此，元朝进入鼎盛时期。